为 人 生 提 供 领 跑 世 界 的 力 量

BLACK SWAN

THE POWER OF PAUSE

暂停

有些事只有停下来，才能想得更清楚

【美】南丝·格尔马丁/著
黄惟郁 /译

北京联合出版公司
Beijing United Publishing Co.,Ltd.

图书在版编目（CIP）数据

暂停：有些事只有停下来，才能想得更清楚 / （美）格尔马丁著；黄惟郁译．—北京：北京联合出版公司，2013.10
ISBN 978-7-5502-2061-4

Ⅰ．①暂… Ⅱ．①格… ②黄… Ⅲ．①成功心理－通俗读物 Ⅳ．①B848.4-49

中国版本图书馆CIP数据核字（2013）第247746号
北京市版权局著作权合同登记号：图字01-2013-7122号

THE POWER OF PAUSE：How to be More Effective in a Demanding，24/7 World
by Nance Guilmartin

暂停：有些事只有停下来，才能想得更清楚

作　　者：【美】南丝·格尔马丁
译　　者：黄惟郁
责任编辑：李　征
装帧设计：红杉林文化

北京联合出版公司出版
（北京市西城区德外大街83号楼9层　100088）
北京慧美印刷有限公司印刷　新华书店经销
字数：170千字　760毫米×1050毫米　1/16　印张：15
2013年11月第1版　　2013年11月第1次印刷
ISBN 978-7-5502-2061-4
定价：36.80元

The Power of Pause

目录

第三部

有什么我根本不知道的事：

问题问得好，成功没烦恼

第四部

暂停的艺术：

着力关键处，结果自然成

欢迎体验“暂停的力量”

世界不停地变化，变化速度太快，有可能你晚上睡了一觉后，第二天一早发现一切都变得不一样了。无论你从事哪一行，也无论平常都怎么打发时间，你都会发现过去的经验已经派不上用场，未来也完全无法掌握。这时，你要如何：

1.充分利用仅有的时间?

2.圆满地处理手上每一件事情?

3.在一天结束后，仍然觉得自己很棒?

周遭的人、事、物瞬息万变，一有什么状况，不仅要随时处理，“还要”处理得让人满意。对于时间和精力都有限的现代人而言，这实在令人欲振乏力。就像一位忙到精疲力竭的科技达人企业家最近发表的言论："这一切都让人觉得无所适从，很没有安全感。马上浮现脑海的，就是那句大家常挂在嘴边的：'让世界停下来，我要下车。'问题是：就算真的能下车一阵子清醒清醒，你知道要怎么下车，在哪里下车吗？然后又要怎么上车，在哪里上车？"

其实不用下车，只要能够暂停一下，情况就会有所改观。本书会告诉你，只要懂得我所谓的"暂停"，就可以发挥另一种隐藏在你体内的力量，让一切变得更加圆满。这个方法叫作"暂停的力量"，其理论基础乃基于一种吊诡：为了拥有主动选择的能力，也为了更能掌控时间，你必须暂停，几秒钟、几分钟、一小时、一天，甚至短暂到深呼吸那么一下都行。

本书提供给你一个反省的契机。如果你有以下的想法，请试着用全新的角度来看看自己，看看身边的同事与顾客群，还有周遭随时可能出现的挑战与机会：

· 希望成为更成功、更有能力的主管或领导者，或是做好分内的工作即可。

· 不想老是被人误解，还要浪费宝贵的时间化解心结。

· 希望推动改革时阻力变小，不要老是陷于"敌我分明"的态势。

· 遇到自己或对方赶时间时，希望有什么快一点的方法，可以建立彼此间的信任，让双方关系更融洽。

· 希望能事半功倍。

现在，我要邀请你来探索书中提到的观念与方法。我不是要教你时间管理，或是如何放慢步调、放空脑袋之类的；而是要教你一个简单易懂、只需三个步骤即可完成的“效能方程式”，还有十二种实用方法，让你懂得如何充分发挥暂停的力量。

根据大脑神经中枢适应性的最新研究，人类具有自我突破的无穷潜力。也因此，长久以来我都在教导人们，不要把自己局限在自认为知道的领域，而我也亲眼见证了大家的改变。所以，我才要向你介绍一种我称为“效能方程式”的实用架构，无论时间压力有多大，都能让你拥有一个可以依循的方向。请把它想象成一种可以帮你作出更好选择的全球定位系统：首先，给你一组用来“暂停”的坐标（内心定位）。接着，采取“保有好奇心，不要怒气攻心”的心态（情绪定位），然后把“虚心”（跳出自认为知道的领域，进一步作出更周全的反应）这项元素加进来。效能方程式会带你经历三个阶段：

暂停（镇定）+好奇心+虚心=

专家级的效能与个人价值的实现

将这道方程式应用在生活中，就能为自己“创造”更多时间；除了让自己变得更有影响力之外，周遭的人也会因为你的改变而跟着改变。一加一大于二，这就是方程式的威力与魅力所在。

为什么要写这本书

几十年前，当我发现书中这些振奋人心的概念可以在许多场合派上用场，让自己和周遭同事因而能更快预见并解决问题时，我就开始构思如何把这些概念变成一套系统。一开始当新闻记者时（交稿压力如影随形），由于经常有机会访谈事件中的不同角色，我发现有件事情相当重要：你必须用一颗超然公正的心，不受当事人情绪影响，仔细聆听事件中每个角色从自身角度进行的描述，才能拼凑出事件的全貌。后来我担任参议员保罗·聪格斯（Paul Tsongas）的助手时，亲眼看见他如何一针见血地说服两派人马达成协议（例如：保护阿拉斯加州荒原，用全新的方式重建衰败中的城市，设法远离核武威胁）。针对这些问题，两派人马采取的不同立场，对于他们及家人各自代表着什么样的意义，参议员总是表现出高度的关注。

担任西屋广播公司的新闻公关总监时，我找到了自我超越的机会。我把“兴利于益”的观念带进来，推行了各项官方与非官方活动，希望能借此将善良风气传播到全国各地，其中包括“为孩子着想”运动和“指定驾驶”方案。“为孩子着想”鼓舞了全美100多个城市里的消费者、赞助商和社区组织一起回馈地方，同时也替西屋和公司客户创造出2000万美元的收益。在“善因行销”（Cause-related Marketing [1]）的风气还没普及之前，这项运动就已经是这种观念的先驱。

“指定驾驶”则是比较激进的想法，目的是希望民众对酒驾这件事，能真正做到防患于未然。这个想法是经过不断思考后才慢慢成形的，关键事件在于：酒驾司机肇事，造成一名受人尊敬的年轻记者同仁死亡，让整个新闻编辑部弥漫着浓浓的哀伤。发生这种悲剧后，一般的做法是：替他的遗孀和孩子设立一笔纪念基金，呼吁推动修法重罚酒驾，或是进行一系列强而有力的公益宣传活动。当时，我们停下来思考能不能多做点什么？有没有什么更有效、更长远的方法可以预防酒驾？这一次的“暂停”，让我们成功与哈佛大学公共卫生学院合作，把发生在波士顿当地的悲剧变成国家级救生运动的火种。

后来我担任商业顾问时，看到职场上各式各样的冲突越来越多，便开始强力主张：无论个人或企业，一旦发现有什么地方不对劲，就要利用“保有好奇心，不要怒气攻心”的思维和心态，化解任何可能出现的危机。我敦促他们要培养足够的虚心和智慧来问自己：“有没有什么我以为知道，其实根本不知道的事？”同时激励他们不要推责诿过，要设法找出潜在的问题、隐藏的机会，以及各种不容易想到的解决方法。结果，无论是个人还是团队之间，不但彼此关系变得更融洽，工作效率也跟着提高了不少。

身为沟通专家、管理顾问和教育工作者，我多年来一直站在第一线，帮助客户强化行为“自觉”能力，并且用更有建设性的方式来达成目标。这些客户群分布在各行各业，其中包括了一群非常有前瞻性的首席执行官，他们想替企业开创新局，把业界标准和既定规范通通抛在脑后。还有一些原本在各自岗位上表现相当出色的企业员工，他们刚晋升为主管，难免被人质疑缺乏管理经验，却能展现沟通能力来化解反对声浪。也有一些顶级医院，面对经验丰富的老员工因心力交瘁而萌生去意的情况，在考虑时间与成本因素后，成功留住了这群精英。更有一群拥有一流商业头脑的企业家，他们找到了绝佳的生财之道，不但替自己创造出忠实的顾客群，也吸引了更多人才投奔旗下。

“全年无休待命”和“持续性分心”的解药

> 生活在全年无休快速步调的世界里，如何在“把工作做完”和“把工作做好”中间取得平衡点，同时还要激励别人一起来长期抗战呢？让人分心的事情那么多，如何让团队专注于眼前的工作，并且顺利达成目标呢？答案很简单，就是：建立真诚互惠的关系！在今天这个社会，身为一名主管，如果做不到暂停、倾听，并且基于所知而行动，建立真诚互惠的关系根本就是奢谈。
>
> ——《财星》五百大企业公关经理

“暂停、倾听，并且基于所知而行动。”这个建议真不错。周遭的人、事、物变化得太快，可能前一秒刚和同事发生冲突，下一秒又被对手盯得紧紧的；每天都有回不完的讯息，出现了什么好机会也不一定把握得住。也难怪现代人普遍觉得压力过大、身心俱疲，尽管科技进步、资讯发达，却总是觉得时间不够。

时间压力一大，人就会变得较没耐性、不太好奇，创造力与适应力也会跟着变差，而幽默感就更不用说了。等到犯了错、机会也跑了，又恨不得有个“倒带”或“快进”键可以按。另外，“天外飞来”的恶意攻击邮件、电子媒体的匿名八卦、唐突无礼的语音留言等，让你想躲也躲不掉，可能事情还没搞清楚，就已经有理也说不清了。

研究显示：现代人因为“持续性分心”[2]，所以有人开始提倡每周有一天的“世俗安息日”[3]，或是把礼拜五定为“电子邮件勿扰日”。我们期盼能重新权衡事情的轻重缓急，设法替自己找回失去的时间；也期盼更多面对面的互动，而不只是利用科技工具来互通有无。越来越多的人想要了解：我要如何改变使用时间的方式？如何在作出不同选择后，依然达成想要的目标？

对于这种“没时间”、“别无选择”的消极被动态度，该是设法逆转的时候了。本书包含四个部分，以下列出每一部主题，以及读完相关内容后会发生什么改变。

· **第一部，发挥暂停的力量：**

你会知道如何克制自动化反应的冲动，给自己作出更好选择的机会（参见图引.1）。

· **第二部，保有好奇心，不要怒气攻心：**

和别人意见不同时，你会知道如何有效地进行沟通。即使发生什么意料之外的事，也能保持足够的自制力，既不会对别人进行人身攻击，也不会草率作决定，或是为了维护无谓的尊严而争得面红耳赤。

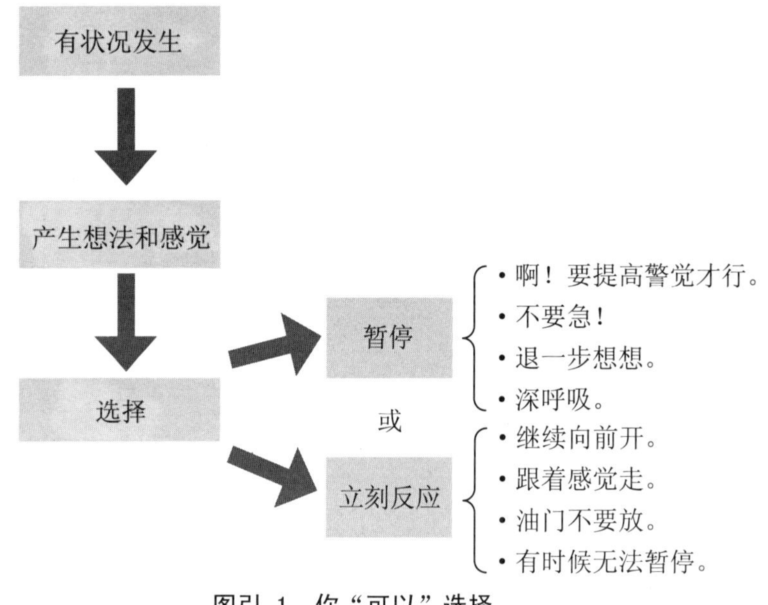

图引.1　你“可以”选择

·第三部，有什么我根本不知道的事：

你会知道如何按下内心的暂停键，然后在整理思绪后，找出那些自己以为知道，其实根本不知道的事，或许结果就会出奇地圆满。

·第四部，暂停的艺术：

你会知道如何将“效能方程式”和“沟通智商”等观念应用在实际生活中，设法让别人感染你的那份正面力量，就可以替自己创造出更多的时间，全力以赴，这才是“做就对了”这句口号的真谛。

克制立刻反应的冲动，以免一发不可收拾，正展现了暂停所需要的警觉心与坚忍个性——倾听和了解，然后引导局面。想要人际关系和谐、事业成功，本书为你指出了一条新的明路。

从观念到实践

第一、第二和第三部分都细分为几个不同的段落：

1.主题论述与相关研究：有关暂停力量的各种来龙去脉。

2.真实故事、研究案例与心得分享：发挥暂停力量的实际见证（为了保护当事人的隐私，姓名和部分相关细节都已进行了修改）。

3.学以致用：实用小专栏，教你如何把学到的东西应用在实际生活中。

4.小秘诀：帮助你把书中观念落实为为人处世的新习惯。

5.对呀，可是：面对违反常识的新观念时，一般人常会出现的典型反应。

第四部分会带你到世界各个角落，看看别人在面对各种阻碍（政治、经济、财务、文化或个人方面）时，如何发挥暂停的力量来创造奇迹。这趟惊奇之旅会让你看到：土耳其偏僻村落的绝症蔓延，如何促成了结合基督徒与穆斯林的国际研究合作计划；位于波士顿城外、由一位行事低调的首席执行官赞助的大学座谈会，如何促成在巴格达签署的和平协议；第一个建构B2B网站（一开始没人看好）的公司，如何摇身一变，成为全世界最大的电子商务零售商之一；原本不会赢球的棒球队，如何被定位成“到最后一次出棒都有机会打赢每一场球”的球队。

在内容上，如果有什么地方无法立即消化，先跳过去再说。正如一位忙碌的主管所言：“等我明白作者真正要表达的意思以及铺陈内容的方式，还有我能得到什么好处之后，自然可以回头读懂一开始跳过去的地方。”

善用暂停的力量和效能方程式，就能利人利己，在这个瞬息万变的世界中共创双赢。

The Power of Pause ①

第一部

发挥暂停的力量：

如何摆脱自动化反应的魔咒

第一章　找回选择的能力

鲍勃·托比亚斯（Bob Tobias）在担任国营事业劳工委任律师期间，就已经是个响当当的人物了，因为每遇劳资纠纷，他总能在听取双方意见后，替双方找到共识。自全美第二大工会理事长退休后，他便在美利坚大学（American University）担任国营事业在职教育学位课程的主任。托比亚斯是如何发现“暂停”这个动作所带来的力量呢？且听他娓娓道来：

开始参与“集体薪资协定”的协商时，我既年轻又缺乏实务经验。不仅委托人的年纪足足大我一倍，我还得和对手的首席发言人交手，那可是个头发斑白、经验老到的狠角色。

只要对手的任何发言对我方有一丝贬低味道时，我都不得不打断他，以捍卫我方立场。没办法，对手气势虽让人害怕，可我也不甘示弱。

虽然我不抽雪茄，无奈团员个个是瘾君子。为了不让自己显得与别人格格不入，我也跟着买了雪茄，只不过点了不抽，就这样让它烧到完。

有一天，就在我点燃雪茄后，那个首席发言人居然痛骂了起来。我还没来得及回应，可没想到他一骂完竟然自动让步了。

我在想，痛骂完之后让步，会不会是一种固定模式？于是，下回遇到对手痛骂时，我就点根雪茄，让自己无所畏惧，也不再急着压倒对手。果然，对方又让步了。

这是我第一次注意到，我可以选择要不要回应。这也是我第一次没有被情绪牵着走。

托比亚斯利用暂停，让协商结果更加圆满。善用暂停的力量，就可以得到这种“差距优势”。

快餐文化的运作模式

遇到别人质疑也好，面临最后期限也罢，凭直觉反应似乎是你我共同的模式。然而，想要有效地解决问题，并且作出最佳选择，其中一个关键点就是：面临压力时，要有能力突破困境，并且懂得善用暂停的力量。

我们活在快餐文化充斥的年代，如果说“时间不够”是现代人的共同心声，我想大多数人都不会反对。没那么多时间思考，没那么多时间作决定，没那么多时间追根究底，没那么多时间把事情做好，没那么多时间处理烦人的事，没那么多时间建立良好可靠的人际关系，没那么多时间在重要的事情中找出最重要的那个。不过话说回来，“需要快快决定”也是一种压力，要抗拒谈何容易，而“省时”重于一切的心魔，更是难以去除。现代即时通信科技无所不在，像手机、黑莓机、笔记本电脑等，在在都让人们“沟通更方便，互动也更随便”。很多话一时兴起，人们常常不假思索就冲口而出。好比飞机起飞前，你还在和朋友讲电话，一听到空乘人员广播所有电子设备都必须关机时，你可能一个不高兴，说话口气就突然变差。或者，和朋友、家人正聊得起劲时，突然被一些事情干扰，你可能因此讲话不耐烦。我们“不得不”立刻回应，正因为那符合众人的期待。无论是客户、同事或家人，都没有例外。

人类的生活模式为何如此？因为我们不认为自己仍有选择的可能！然而，只要了解“暂停的力量”这套方法并在实际中运用，就会改变对周遭人、事、物的看法及回应方式。这套方法提供一系列可行的步骤，教大家如何驾驭自身的反应，以及作决定时如何摆脱反应的控制。我们先来看看一些代表性的情况，就会明白一般人的判断力有多么薄弱，竟然会被各种情境牵着走而不自知。请随时记得托比亚斯的故事，他选择暂停后得到了什么结果。

自动化反应的后果

情绪来得有多快，误解和决定就来得有多快。无论老板或员工、客服专员或客户、医疗人员或病人，无人能幸免于这种困境，甚至在虚拟团队中和一群素未谋面的队员合作时，也不例外。

面对要求时，总是很快应允，只因我们以为自己别无选择。按下电子邮件上的“全部回复”或“传送”键，也变成习惯性动作，却不去想想或许也可以打个电话，或是亲自走一趟。各种假设、预期或希望的结果，尽管往往和现实脱节甚多，却总让人轻率地下结论。于是，从“自以为是”的前提出发，我们可能决定得很快，可能急着证明自己的观点，也可能对问题视而不见，甚至是眼不见为净。要我们做得更多，但是各项资源（尤其是时间）反而少得可怜，于是“自动化反应”成了面对各种要求的护身符。此外，我们还会：

- 作出直觉反应——还来不及思考，情绪便主导了行动。
- 跟着感觉走——依当下“做与不做”的感觉，来决定行动与否。
- 陷入习惯的牢笼——“以前都是这样做的。”
- 说服或欺骗自己——“我是老大，我说了算。”
- 以为别人在针对自己——“我不相信他们会这样对我！”
- 把别无选择视为理所当然——“依目前的情况来看，这样做最好。”
- 听自己想听的——“也许”意味着“是”；“不”仅意味着“不是现在”。

试想：上回有人被误解，或是有人仓促作了造成反效果的决定，结果让自己或自己的团队、组织、顾客，甚至人际关系付出了什么代价？生活大小事可以换个方式处理，一切就从改变看法开始。而要改变看法，就要看你把插头“从哪里拔出来”，然后“插进哪里”，当然，我不是叫你拔掉科技的插头，也不是叫你把必须做的事搁在一边。我是想告诉你，暂停的力量提供了一种可行的方式，可以重新启动超载的人性“短信”，找回遗忘已久的常识。下面的故事告诉我们，一位经验丰富的专业人士面对不堪负荷的工作压力时，决定做些什么来改变现状。

发挥时间的价值

时间不够用时，该如何充分利用现有的时间，才能让一切比以前更圆满？

“你疯了吗？”这名护士说。当时我正在向护士们解说：工作那么忙，如果要把病患照顾得更好，运用暂停的力量不失为一种又快又有用的方法。

“你是不是不了解情况呀？”她大喊，“护士已经不够用了，最近病患又需要更多照顾，而医生又老是忙得要命，现在一个楼层里又有六种不同的护士，总不能随便找个人帮忙呀！专业训练不同，程度不同，何况别人可能觉得没有义务帮你！更惨的是，遇到有病患病情加重或往生时，护士们连处理自己情绪的时间都没有。”

她的话，房间里包括我在内的所有人都听得再清楚不过：情况这么糟，要照顾的病患又那么多，到底要怎么暂停啊？

我深吸一口气，要大家也跟着我做，然后慢慢吐气。这名护士显然连花一点点时间做个深呼吸都觉得很烦，可以想象，遇到病患或同事需要占用她一点时间时，情况会有多糟。

“听起来，你好像没有办法替自己或别人挤出一点点时间了。”我说。

“没错，我的意思应该表达得够清楚了。”她回答我。

于是，我问她：“那么，可以帮我一个忙吗？虽然我现在无法给你满意的答案，但我想和你分享一些想法，这是我在准备今天要跟你们讨论的内容时所学到的。如果谈到了你的问题，请告诉我；如果没有，我们再作打算。”

这名护士点点头，坐了下来，等着听我说。于是，我开始说：

我为各位准备今晚的课程时，其实很害怕。我自问，自己算哪根葱，居然教起护士来了？毕竟我没受过护士训练，也没在医院工作过，真不晓得自己在想什么。虽然我母亲以前当过护士，姐姐现在也是护士，她们都曾跟我分享过许多护士的甘苦，不过，我知道这样不够，还得多了解一些才行。

所以，我打电话给我的朋友芭芭拉。她被诊断出罹患盲肠癌，只剩半年寿命，过去两年来，大大小小的医院也不知进出了多少回。不过，她一点都不气馁，只要有一丝活命的机会，任何事情都不会放过。我告诉她，我替护士开了一门在职研修课程，是有学分的，所以想要多作些准备。我问她："站在病人的角度，你最希望我让护士们更明白什么事情？"

芭芭拉想了几分钟，说："请告诉她们，护士进入病房后，对病人而言，最重要的事情就是：替我们打针或是询问我们的病情之前，可不可以停一下，先把我们当人看，而不只是当病人看？我知道护士人手不够，很难照顾周全，但我看得出来，她们心里其实很在乎我们。可不可以请她们看我们的眼光柔和一点？护士们每天都很难熬，这点可以理解，但是，来到病床旁边时，可不可以请她们想想，或许我们只是需要有个人轻拍一下，或是给我们一点积极的想法，我们就会觉得自己不只是个检查名单而已。这不用花什么时间，却能让我们病情大为缓和。"

在场的护士想起进入这一行的初衷，房间里传来一阵低语声。有些人也承认，住院治疗感觉就像"按表操课"。那名提出疑问的护士感谢我诚实相告，并且说她会想一想有什么方法可以调整。

一年后，我又回来替另一群护士开课。就在我问大家有没有问题时，同样是这名护士（在我讲课时偷溜进来）突然举手说：

"你想知道我是怎么改变做法的吗？现在，每次进入病房前，我都会先暂停一下，花一点点时间用力吸气和吐气。只要做这个动作就可以提醒自己，人摆第一，病人摆第二。有时候，在我拿药给病人或是看看他们复原情况如何之前，我会轻轻拍一下他们的手或肩膀。有时候，我会对着病人微笑，或是会意地看他们一眼，让病人知道我了解他们宁愿待在家里的那种心情。这么做真的感觉很棒！而我不过就是花了那么一点点时间深呼吸而已。”

学以致用

这个故事告诉我们，要替自己做些什么，才能在工作或是周遭各种状况中，展现出所谓的“最佳自我”。尤其是现在人们被各类资讯或是角色与责任的冲突弄得精疲力竭，这个观念尤为重要。面对人、事、物之间的各种冲突矛盾，太多的要求考验着我们的耐性与价值观，也影响我们作出正确的选择，我们已经被逼到快没有退路了。

上述那名护士只不过做了一个动作，就把暂停融入了几乎无法喘息的日常工作中。所得到的回报是，不但病人对她心存感激，原本看似手忙脚乱的工作，感觉上也变得更加得心应手。正因为她找到了如何更妥善照顾病人与自己的方法，心头压力变小了，所以整个人也变得更有同理心。

• 不论是身为主管或下属，都会遇到同事或客户有苦难言的情况。想要帮他们摆脱进退两难的处境，其中一个方法就是：找出那个他们有能力选择要不要采取的“动作”。这不但有助于恢复他们的自我控制感，更能让他们因专注于当下的动作而继续往前走。

• 如何以身作则、有技巧地将暂停融入日常工作中？例如，如果你是那种“尽人皆知”总待在办公室、随时准备支援团队的总经理，不妨每天固定花个十五分钟暂停一下，试着让自己头脑更清楚、讲话更幽默，同时思考如何将自己和团队所面临的激烈竞争压力转化为动力。这样一来，在你这段“闲人勿扰”的暂停期间，底下的经理们不仅会主动互相帮忙解决问题，解决问题的能力也会跟着提升。

第二章　怎么样叫作“暂停”

不管别人说了什么、做了什么或写了什么，都不要马上回应，这就是一种简单的暂停。那么，要暂停多久呢？三十秒、一分钟、一小时，还是一整天，都没有规定。像前面提到的那个深呼吸，也一样算是暂停。不管什么事，在你作出反应之前的任何空当，都叫作暂停。它是一种安全机制，让我们有机会作出不同的选择，以免总是根据自以为知道、看到或听到的事情来鲁莽行事。

该是反省的时候了。请你好好想一想，以前都做了些什么事，接下来要怎么做比较好。“暂停的意思，不是要我们先去处理别的事情，或是停下来喝口茶休息之类的。”一名管理八十几家公司、总资产高达数10亿美元的首席执行官这么说。

“知道何时该把规定摆一边，只按直觉和判断来行事是一项重要的人际互动技巧。”《哈佛商业评论》曾访问一些学界大佬，请他们预测21世纪的企业会面临哪些挑战，其中一个关注焦点就是“如何帮助员工增进上述技巧”[4]。专家预测，企业真正的考验不在财务方面或如何管理固定资产之类，也不在国际情势动荡不安或商用硬体等等，而是“做人的艺术加上人性管理”。

在今天这个社会，你必须有能力从别人的言谈、反应或沉默中，分辨出可能的弦外之音。再好的意图与策略，都抵不过情绪的连锁反应。因此，脑袋中有必要造一条“暂停”的神经通路，才能把自己从自动化反应中暂时抽离出来。依靠直觉作决定固然相当重要，但是，遇到那种必须马上反应却又反应不过来的情况时，直觉也难免发生短路。另外，受到情绪影响时，也容易戴着直觉的面具，做出一些不理性的举动。这正是暂停的力量所在：不仅可以找回审视直觉的能力，也对内在声音能否帮自己渡过难关更有把握。此外，暂停也让自己有机会回头看看原本的想法到底对不对。

现在你可能会想：这样讲没错，但是，遇到事情一件接一件来却又急着处理时，有可能暂停吗？问得好。我的答案是：当然有可能，而且，为了真正有效地解决事情，你非这么做不可。

我们提出正确的问题吗？

下面分享一则转载故事，从另一个角度来看看善用暂停的力量，为何是一种让决定更周延的策略。故事讲述了一名到越南服役的美军中校哈罗德·摩尔（Harold Moore），他所率领的部队在越南战场发生遭遇战的经过[摩尔和战地记者盖洛威（Joseph Galloway）合著的《越战忠魂》一书，就是这起事件的回忆录]。

让我们回到当时的场景，看看摩尔在险峻的情势下如何临危不乱，利用“策略性的暂停”来力挽狂澜。

1965年11月中旬，摩尔担任美军指挥官，率领第七装甲部队第一营共450人，进入越南中部的德浪河谷执行作战任务。这项作战计划利用空降方式，将部队送到一个被定名为“X光着陆区”的小型丛林空地中，原本以为会遭遇越共游击队，不料却落入了北越正规军的陷阱遭到伏击。

一连三天，摩尔的部队都在丛林中和估计约2000名的北越步兵进行浴血奋战。装甲部队的军官和通信兵首先成为敌方狙击手的目标，其他人也依序沦为活靶。有两天的时间，一排29人的部队遭到200名敌军包围，陷入孤立无援之境，另外一排部队的军官则全数阵亡。尽管敌军人数众多，有时还会遇到以一敌七的情况，摩尔的部队仍然日以继夜地进行反击。这期间，摩尔必须不断调整战略与战术，除了要求增援部队之外，还顺利地得到美军空中与地面炮兵的强大火力支持。

虽然条件极度不利，摩尔的部队却无人被俘。根据他的报告，共有79名士兵阵亡，121名受伤，而他们找到634具敌军尸体，估计敌军死伤约1215名。这场考验双方战斗应变能力的激战虽然互有损失，但双方都宣称自己获得胜利。

在后续冗长的战报研讨中，摩尔一一细问战友们，想知道大家在这次战役中学到了什么宝贵的经验，以便日后调整战术来打击眼前这个陌生的敌人（这也是一种策略性的暂停：在决定下一步之前，先看看哪里做对了，哪里没做对）。摩尔最后提到他的一贯信念：遇到混乱情况时，要从根本上加以反省。“战场上的指挥官必须不停地预测未来可能发生什么事情，以及发生的概率有多大，然后采取应对步骤防患于未然……同时也要定期审视全局，把自己的心智从行动中抽离出来，客观地思考：若要改变现状，有什么该做却没做的？又有什么不该做却做了的？”[5]

对于摩尔中校所采取的种种行动，让我印象最深刻的就是：大敌当前，他居然可以“镇定”地暂停。大战正酣，直觉上应该冲锋陷阵，但他却一反常态地选择“后退”，把自己从情绪中短暂地抽离出来冷静思考，并且虚心地问自己：“现在正发生什么事？没有发生什么事？我该怎么做才能扭转局势？”[6]

在日常工作中，意外或紧急状况之类让人措手不及的事没什么稀奇，重点在于如何随时找到应对之道。这时，不妨将自己的心智从行动中暂时抽离出来，这样不仅可以提出更有建设性的问题，也能虚心采纳各方意见，从客观角度来思考对策。要发挥暂停的力量，其中一种练习方法就是问问自己：“有没有什么我以为知道，其实根本不知道的事？”还记得效能方程式吗？

暂停（镇定）+好奇心+虚心=

专家级的效能与个人价值的实现

无论时间多么紧迫，也无论情况多么艰难，效能方程式都能自然而然地帮你找到最佳应对之道。摩尔上述的那段话就充分证明了这一点。

下面的个案即将证明：在商场上，无论有多大的意外，只要能退一步提出正确的问题，就很容易找出症结点，对症下药。

发挥暂停的力量
——某个团队及其顶级客户的故事

如何发现真正的问题并不像自己所想的，或客户一开始所讲的，而且要在24小时内找出解决方法？

原本以为所属团队和顶级客户意见一致，客户却突然对协议内容改变主意，这时你该怎么办？这是某个下午某知名杂志即将出刊前夕，发生在《财星》五百大企业K&S的真实故事。他们的公关经理是乔安，面对的客户则是维美股份有限公司（Acme, Inc.）。我们从乔安那里得知事件始末如下：

乔安打点一切

2008年1月，维美股份有限公司同意让乔安的公司进行一项个案研究，针对维美的物流运作提供解决方案。乔安解释："我们将这些'聚焦'研究应用在主动行销传播上，公司和客户都能因此受惠。一旦客户对研究结果没有异议，我们也会请他们签署一份具有法律效力的同意书，允许我们将任何研究结果应用在未来的主动行销传播上。在研究过程中，维美不仅多次表达满意，几次的公开说明，他们也都有参加。”

发生了什么事？

乔安完成维美的聚焦研究，也拿到对方签署的同意书之后，K&S马上说服《今日财经》杂志（Business Today）以研究结果为蓝本，制作了一项专题报道。乔安把相关文件传给杂志后（根据同意书，乔安有权这么做），就写了下面这封电子邮件给客户：

嗨，罗伯：

有好消息！刚完成的维美聚焦个案研究有机会在新闻报刊上曝光了。

附件的PDF档会在《今日财经》五月号上刊登，特此通知。

祝平安顺利，我们回头再详谈。

结果客户第二天回复电子邮件如下：

乔安：

我明白K&S为何这么做，但我和史盖普没有在这件事情上抢到头香，还是觉得有点失望。虽然我和史盖普对任何曝光机会都乐观其成，但这件事反倒有点令人伤脑筋，也可能引来各方不必要的关注。

另外还有一件或许没那么重要的事，就是我们虽然有过协议，但是像“功能不佳”这类说法，最好还是不要传出去让别人知道。

我不是要抱怨，只是有没有办法取消这一期的刊登？若是没办法，请务必在出版前一起商量，进行最后的确认。谢谢。

什么事岌岌可危？信誉！

乔安万万没想到，客户居然要求取消刊登。“首先，文件已经送出去了，我心里明白，要撤回可没那么容易。其次，就算撤得回来，我也找不到其他资料代替。最后，K&S当时正在进行一项更大型的研究计划，维美的个案是其中一项，一旦撤回，恐怕会危及整个计划。”

暂停的力量

立刻回信给一个心情不好的人会有什么后果，乔安可明白得很。“收到意见不同的电子邮件就立刻回复，实在是非常不明智，这一点我可是吃过苦头的。马上回信会引起对方情绪上的反弹，往往会基于错误的假设或结论，进一步反驳你。因此，只要一收到客户的回复……我就会暂停。”

发生了什么事？没有发生什么事？

她决定立刻搞清楚状况。“我打电话给他们的客户经理马特，也打给我老板，看看事情是否被一些我不知道的外在因素影响到了。我一再问他们：‘是不是发生了什么事，影响到彼此的关系？’大家都说没有！维美还是和我们保持着良好的关系。既然如此，罗伯为何如此草率地回信？我实在很难理解。”

暂停过后，她重新看了一遍客户的电子邮件，然后问自己一些关键性的问题。

我注意到罗伯在信中第一段提到了“不必要的关注”，这是否意味着不想让别人注意到维美这家公司？或是不想让别人注意到公司的物流？还是，根本不想让别人注意到罗伯和史盖普这两个人？信中第二段可以看出，客户虽然签署过同意书，但是，对于聚焦研究的最后成果，显然还是觉得有点问题。从开始研究到最后定案的整个过程中，我们到底哪里做错了？最后那一段，他要我撤回刊登文本，但为何要全部撤回？难道不能只修改不太妥当的部分吗？总之，太多问题没有解决，根本没办法安心思考客户的要求。另外，我也必须想个法子说服他们刊登的事，因为文件都已经付梓了。

让“隐藏”的问题浮上台面

她的团队决定走后门请客户经理马特帮忙。“马特和客户私下关系不错，决定先等个24小时再打给罗伯，跟他开诚布公地谈一谈。电话里，马特先说自己觉得很意外，罗伯不是几个月前就巴不得有这种上版面曝光的机会吗？怎么现在反而不要了？罗伯一听马上道歉说：‘马特，你说得没错。收到乔安的邮件之后，我没有多想就回了这种信，对她实在蛮过意不去的。K&S花了那么多心力帮助维美，我们由衷地感激。但我也必须老实说：主管和我因为成了媒体过度关注的焦点，老是感觉很不自在，有些同样劳苦功高的同事也开始颇有微词。另外，上头的人也开始用更高的标准要求我们，弄到现在每个人都觉得，我们表现好似乎是理所当然的。’”

故事的结局

客户烦恼的原因，居然是因为发生了太多好事！一切尘埃落定后，客户最终同意K&S公开研究成果。现在，乔安的公司只要遇到类似的情况，像是双方负责人虽荣辱与共却各自有些不同考虑，或是案子要不要公开宣传，都可以拿捏得很好。

K&S团队不太可能想得到，客户是因为受到过度关注才会持反对意见。“暂停”让团队有机会先不采取自卫反应，进而发现隐藏在背后的重要讯息，让双方的合作关系变得更融洽。客户的处境有点尴尬，没有事先打电话知会一下，其实完全可以理解。这就是机会所在——找出问题，免得事态扩大。

学以致用

• 你可以试着和客户达成共识，只要一出现有可能发生什么问题的明显“征兆”，就采取某些应对策略，让大家都可以更放心。例如我有一个客户，他们和自己的新客户之间协商出一种“人权条款”：只要遇到有人抱怨或担心的情况，就必须巨细靡遗地公开相关处理过程，以免不满情绪一发不可收拾。

有必要和客户协商时，什么样的开场白才能确保客户不会情绪反弹（你看马特用的句子：“我很意外……”结果一下子就让客户说出实情了）？

暂停的力量练习一
要主动选择，不要被动决定

正如摩尔中校的例子，要退一步全盘思考，尤其是觉得时间不够用的时候，自律性必须很强才行。那么，要如何增强自律性？不妨试试看走“心理捷径”来启动“暂停”，整个过程就像是驾驶手动挡车。

想象一下，你正驾驶着一辆高性能的手动挡车。手动挡和自动挡不一样，自动挡只要发动引擎再直接踩油门就行了，手动挡则需要：

1. 先不要踩油门。

2. 踩离合器，让车子变成空挡状态。

3. 开始打挡（排挡杆会经过中间的空挡）。

4. 打到你要的挡。

5. 脚慢慢放开离合器。

6. 加速前进。

打挡时不过就暂停那么一下下，但只要够熟练，车子马上就能全速前进。有效地沟通和决策，与打挡实有异曲同工之妙。暂时踩着离合器就是暂停，让你可以很快地把排挡杆扳过空挡（参见图2.1）。那么，整个沟通或决策过程是怎么运作的呢？如果踩着油门，在各种压力、假设或强烈冲动的推波助澜之下作出反应，或许很多办法会视而不见、听而不闻，但是暂停的力量让你有机会作出更好的选择。利用上述六个步骤来引导沟通与决策，一方面管理情绪能量，一方面提升自制力来作出更好的选择，等于就是在发挥“暂停的力量”。

忙碌的时代，许多人长时间辛苦工作，尽管资源不足，却总是被要求有好表现：遇到一堆事情需要尽快作决定的场合，更难免心力交瘁。再加上电脑时代一切讲究快速，弹指之间就要立刻反应，简直让人觉得喘不过气。不过，值得思考的是：关于职场压力对效率的影响，过去一百多年来，学者专家一直没有停下研究的脚步。哈伯特·班森（Herbert Benson）博士的研究清楚阐明了：面临需要回应的场合，把“暂停”加进来作为一种策略具有重要价值[7]。他的减压之道在于：利用一种简单而

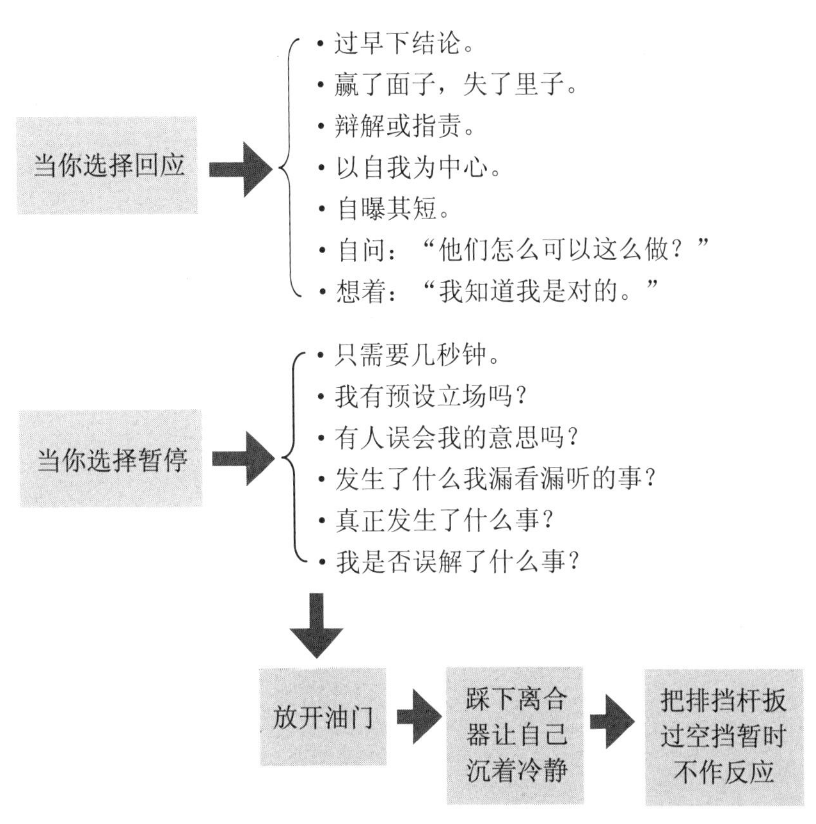

图2.1　选择不同，结果也不同

突然的“分心”（他称为“放松反应”）来抵消压力。“通过某种启动装置，在感觉到压力的那一刻，把问题完全抛开，大脑真的会重新设定，让左右脑更加协调。于是，大脑就更有能力解决问题……当大脑静下来时，与注意力、时空概念及决策相关联的大脑区域，就会发生另一种‘活动力明显提升’的现象，我们称为‘平静的骚动’。”

磨坏排挡

再回到赛车的例子，想想看：如果没有踩好离合器就急着打挡，会有什么后果？答案是：引擎把动力传送给车轮的效能会大打折扣。就算你以前没开过手动挡车，也一定听过那种打挡不顺所发出的摩擦声。

现实生活中，每当我们要求自己或别人赶时间时，同样的情况就会发生。突然间，我们会发现自己“磨坏排挡”：双方沟通不良，彼此连不上线。结果呢？一种被我称为“疾驶而过”的对话模式把我们给害惨了。你一定知道那是什么感觉，就是那种自以为听到的就是别人的真话，然后你一句，他一句交谈。你以为你懂了，他也以为他说得够明白了，最后你就认为任务完成了。这种“疾驶而过”的对话模式会发生在各种场合，无论是面对面或电话交谈，甚至在电子数码世界中也不例外。

另外值得注意的是，赛车手在踩离合器时，的确可以在很短（但已经够长）的时间内听清楚引擎声，然后很有效率地将引擎动力传送给车轮，他们利用暂停让自己处于优势。某个既善于培育精英又精于驾驶高性能车种的企业人士解释：“做人处世跟开车一样，懂得暂停就能发挥力量，因为它是一种能量转换机制。不过，也要各方面配合得当，暂停才能发挥效果。直接从空挡打到四挡，车子一定会熄火；人际沟通也是一样，欲速则不达。”

对赛车手而言，驾驶四挡或五挡的车子，遇到什么情况该打什么挡，他们头脑清楚得很。然而，一般人缺少这样的自觉，生活中无论大小事，自动化反应乃家常便饭，平白错过许多精益求精的机会。

生活的排挡打不顺，早晚“一定”会把排挡给磨坏。总是和别人处不好，“磨损”也会日积月累，以各种方式反扑回来，好比生意利润减少、客源流失，或是压力大、生重病等，也或许是错失良机或人际关系紧张之类。即使是最熟练的赛车手，也不可能一直踩着油门不放，何况是我们？

第三章　暂停的吊诡

为了继续前进，如果能暂时不踩油门，忍住第一时间的反应，想一想眼下有没有哪里不太对劲的地方，不但能节省时间，还会发现更多可行的办法，这正是暂停吊诡的地方。下面的故事告诉我们，一位政府部门资深主管如何运用暂停的吊诡，让原本只讲求速度的团队更能发挥合作的力量。

肾上腺素大量分泌的紧张时刻，没有人会想到暂停，不过，这时最需要做的，恰恰就是暂停。时间压力虽然会让人紧张，但是暂停不需花费多少时间。只要够熟练（这是一项需要练习的技巧，有点像做分类），不但可以做得不着痕迹，日后大家也会觉得，起码你没有让事情失控。

开会时我总会暂停一下，而且开场白通常是："抱歉耽误大家一点点时间，针对我觉得了解的部分，还有我们刚刚达成的共识，以及决定要进行的事情，我想试着用自己的话重新说一遍，大家看看有没有问题。”这样一来，通常我会争取到五分钟的暂停时间，让大家的头脑冷静一下，听听我哪里说得不太对，还可以立即指出来。接下来，大家可能进一步达成共识后继续讨论，也可能发现彼此想的“其实”不太一样，有必要重新讨论提案。每当我觉得会议好像有点失控时，或者遇到什么我听不懂需要别人进一步说明的事情时，通常我都会这么做。

暂停的力量还有一个吊诡的地方：当你镇定地暂停时，反而会有更敏锐的能力作出更好的选择，让你和客户双方都受惠更多。发挥自制力做到暂停，并进一步作出不同的选择，也会提升你的“沟通商数”，下一节会探讨这个概念。我们先举一位法界人士的例子，看看她在各种竞争压力下，面对客户要求速战速决的情况时，如何运用暂停，找回自己真正的能力。

艾伦是个有名的证券律师。有一回，同事想借助她的专业素养，帮一位客户很快浏览他们的公开说明书，看看可不可行。艾伦“觉得怪怪的”，嗅到了一股哪里不对或不完整的味道，坚持要客户多补充一点资料。同事认为，凭艾伦的专业，很快浏览一下就知道可不可行了。但艾伦却不这么认为，客户一开始还觉得多补充一点资料根本是多余的，这让艾伦有一种感觉——客户认为自己应该是“速成的天才”。

不过，艾伦却镇定地选择暂停。为了消除客户的疑虑，她向客户保证，虽然说明书“逻辑上”没有问题，但是，不能立即决定可不可行，因为从来没有人要她提出类似这种架构的交易税改方案，很难预料会引起什么反应。

她向我解释：“同事要我马上给个‘看似’能解决客户问题的答案，虽然我很想答应她，但你所谓‘暂停的力量’助了我一臂之力。因为懂得暂停，我反而有机会找出没有人知道的问题，再提供给客户更好的法律咨询。无论如何，想要立刻解决问题，不见得能真正解决问题。”

艾伦宁愿被贴上“自作主张”的标签，也不愿作任何妥协，最终得到了圆满的结果。她暂时踩着离合器，因而改变了双方的互动关系。她不受同事心情焦虑的影响，出乎意料地让客户有机会重新想想什么才是最重要的事，进而愿意多补充一些资料。

曾经有人问我：“有时候，若是回应得不够快，就很可能名声扫地，甚至丢掉工作。遇到这种特殊的情况，要如何让暂停发挥力量呢？”艾伦的故事告诉我们，当你觉得有说“是”的压力时，选择暂停一下，会让你有能力说“不”。就像《学会说不》的作者尤瑞所说的[8]：“想要说‘是’的时候，不妨花点时间与对方沟通，或许你会发现，说‘不’才能创造双赢。”在艾伦的例子中，如果她当初作了错误的决定，有可能耗时耗资，甚至赔上她们这两个律师、所属公司与客户的名声。然而，因为选择了暂停，结果皆大欢喜。

什么是CQ

想要在今天这个社会出人头地，只有IQ高是不够的，沟通商数（Communication Intelligence，也就是我所谓的CQ）也要够高才行。CQ意指对以下几件事展现出敏捷的能力：

- 正确理解得到的讯息，并展现自制力加以倾听。
- 确定了解对方的意思。
- 精确表达有意义的想法、观念与讯息。
- 确定自己的意思照着自己所想的那样被别人理解。

就这么简单。展现CQ的意思是：说清楚，听仔细，理解不带偏见，并且事先意识到哪里可能被误解。不要因为自以为意思说得够明白了，就把一些事情视为理所当然。

CQ从“养成一种专注的心态”开始（也可以说是“用心”），是克制“立即反应”这种冲动的万灵丹。

自动化反应等于把该发挥的能力丢在一旁。在被人碰触到敏感神经，或是觉得有压力的情况下，我们很难表达真正的意思，接下来更糟，连别人说什么我们也会变得心不在焉。也难怪我们总是觉得，自己说的话别人没有在听，更不用说有没有听懂了。一般认为，大概有70%到80%的语言沟通会被“忽略、误解或很快遗忘”[9]。从这个统计数字加上自身经验看来，你心里可能会这么想：你说的和我听到的一样吗？我听到的和你的意思一样吗？你听懂我跟你说的意思了吗？

没有立即察觉不对劲而产生误会，这种各说各话的情况在各种沟通场合早已屡见不鲜。我最喜欢的例子，是20世纪30年代阿博特（Abbott）与科斯特洛（Costello）有名的棒球喜剧相声《谁在一垒？》（*Who's on First?*）[10]。这部经典作品值得一听，不仅被许多国家翻译成自己的版本，甚至还曾经演出给美国总统富兰克林·罗斯福（Franklin Roosevelt）观赏。它提醒我们一件事：当一个人觉得自己说得够清楚，对方却完全有理由整个会错意时，情况会有多么糟糕。下面是从其中一个表演版本节录的台词，一连串对话的大意是：阿博特假想自己是一支棒球队的教练，科斯特洛则请阿博特告知所有球员的名字和守备位置。结果，两个人才讲没几句话就把科斯特洛给惹火了，因为他无法从前后的对话中明白，原来一垒手的名字就叫作“谁”（虽然听起来很奇怪）：

科斯特洛：那么，是谁在一垒？

阿博特：没错。

科斯特洛：我是说那个家伙的名字啦！

阿博特：谁。

科斯特洛：守一垒那个。

阿博特：谁。

科斯特洛：一垒手啊！

阿博特：谁。

科斯特洛：就是一垒那个人啊！

阿博特：谁在一垒啊！

科斯特洛：是我在问“你”谁在一垒呀！

CQ有个重要特质叫作“先见之明”：事先意识到哪里可能会被误解。这就是说，若是有模棱两可的可能，在还没表达之前，心中就已有所警觉。保持这种警觉，别人就不会对你真正要表达的意思毫无头绪。正如本节一开头，因为我注意到“沟通商数”这个词也可以用来指军事情报相关的报导，于是说明得更详细。在阿博特的例子中，既然球员有个怪名字，他就应该预料到别人有可能误会，并且要进一步解释：“谁在一垒。我的意思是，守一垒那个人的名字很少见，真的就叫‘谁’。”这样，就不会双方各说各话、没有交集了。

要提升沟通商数，就不能光想着自己已说得够明白了，或坚持自己是对的，而要以“达成沟通目的”为最高指导原则。换言之，你应该关注的是沟通的“共享”，包含言语、思想、能量，甚至弦外之音在内的“双向交流”。明白这一点之后，遇到沟通不良的情况时，尤其是对方搞糊涂、弄不懂，甚至为反对而反对时，你就会选择先退一步，多站在对方的角度想一想，到底哪里出了问题。

不是话说完或讯息传送出去，沟通就完成了，而是确定对方接收到你要传达的讯息，也的确按照自己的原意去理解，沟通才算完成。这种负责任的心态也是CQ的一种表现。

心态决定结果并提升CQ

有能力随时调整心中既定的标准，也就是“心态”，是沟通商数的另外一面。很多时候，尤其当你觉得自己是对的时，或是没有理由不相信经验时，愿意改变诠释讯息的方式是另一种提升CQ的方法。正如上一章提到的摩尔中校和客户经理，还有上述证券律师的故事给我们的启发：先想想自己有没有预设立场，再决定可行的有效对策（特别是那种四面楚歌的情况），不仅需要自律和好奇心，还要加上一点点勇气，甚至愿意放下自尊才办得到。

好奇心不只表现在“单单想知道”或“找遍各种资料”上。我们在第二部分会提到，运用短暂的暂停时若是加上好奇心，会得到什么样的结果。能发挥暂停力量的效能方程式，里头就包含了暂停与好奇心。这个方程式提供了一个全新架构，帮助你达成目标。其重点在于让结果更圆满，而不在于更快得到结果，或是胜过别人。

暂停（镇定）+好奇心+虚心＝

专家级的效能与个人价值的实现

你可能很想知道，这里的“虚心”到底是什么意思。虚心不只是“不自大”，在今天这种速战速决的时代，虚心更能让人发挥出意想不到的力量。遇到那种自认为已经知道得够多的情况，利用暂停来想想有没有什么自己“不知道”的地方（虚心的表现），是一项相当重要，甚至足以扭转局势的领导技巧。想要找出复杂问题的根本原因，或是想要找到新的解决方法时，这项技巧更显得重要。

懂得利用暂停的好处就是：你可以选择凡事操之在己，不要继续让周遭的人、事、物影响你。关键就在于，你一开始怎么想，正是所谓“从哪里开始，决定了在哪里结束”。《足以改变一切的五个问题》（*The Five Questions That Change Everything*）的作者谢勒（John Scherer）是我以前的同事，与他共事期间，我第一次明白心态正确与否有多么重要。我永远不会忘记他所说的：一开始的态度会决定事情最后的结果，关心什么事就会注意什么事。生活中有太多纷纷扰扰，越注意什么事就越会决定你听到什么、看到什么，还有“认为”别人的意思是什么。接下来的故事会告诉我们，当你觉得被人在背后捅了一刀时，如何让正确的观念发挥力量。

他以为他是谁？（上集）

觉得别人占上风时，你会怎么做？

的确有些时候，你会觉得别人吃定你了，只要一想到那个人对你做了什么事，就会热血沸腾、怒不可抑。你可能很想反击，也可能觉得自己有权利报复，或者至少有权利证明那个人是错的。这时要怎么暂停呢？这个故事是述说一名资深主管向他的管理顾问求助如何挽救其事业免于崩溃的经过。某人有可能因为一时冲动就急着下结论，而你又要很快找到办法来帮助他，而且一不小心又会帮倒忙把事情搞砸。何时会遇到这种状况，你永远都不会知道。

电话那头，是一个怒气冲冲的客户，不马上应付不行。他差一点就因为一时鲁莽而做出后悔的事，现在打来电话找你帮忙，一切都“靠你”了。这时你要怎么办？

某个经验丰富的管理顾问，一天傍晚接到了客户打来的电话，就是遇到这种情况。她受雇帮一位刚上任的首席执行官乔治处理部门监管的交接事宜，那可是一个营业额达数百万美元，而且还在快速扩展中的部门。虽然有些资深员工对乔治的新作风颇有微词，但那晚则是因为乔治的同事约翰咄咄逼人，才让整个情况陷入胶着状态。说到约翰，只要他还在公司一天，政治上的影响力便不容小觑。

事情发生在某次预算会议上。在毫无预警的情况下，乔治听到前任部门主管约翰宣布，有数百万美元要从乔治的预算里抽出来购买新设备，而且不用招标签约。当着部门其他人的面这样说，等于在挑战乔治的权威。

“这家伙以为他是谁呀？”事后，乔治向自己的顾问大声说，“他怎么可以这么做！负责这项计划的人是我，请我来是为了改变体制，可不是为了走约翰的老路！”

刚走马上任，乔治知道大家都对他有所期待，除了希望计划能顺利进行，最好“自己”也不要出什么状况。没想到他今天居然气到说不出话，实在觉得很无力。更糟的是，乔治刚收到约翰在周五晚上寄出的电子邮件，里头说原本应由乔治监管的数百万美元交易，现在由约翰自己来负责。乔治觉得别无选择，必须在一切还来得及之前做点什么才行。

他可以怎么做？

· 他可以火速回信给约翰，告诉约翰这样做实在太过分了，这件事决定权不在约翰。

· 他可以打电话问约翰：“你在打什么主意？”

· 他可以打电话问老板：“这到底是怎么回事？”

· 他可以公开手上的计划，让大家知道这项计划是基于竞标机制来分配资金，而建立竞标机制更会让大家明白，过去约翰当家时的做法有多么落伍。

除了上述的方式，乔治还想了一些办法，但是他想归想，还是暂时按捺住冲动没有表态，然后打电话给顾问征询建议。

“我以前待过的公司从没遇到过这种事。”他对顾问说，“这是什么鬼地方啊？我决定采用竞标机制，是因为公司规模比以前大，这样做才对公司有利。应该是我说了算，我才是负责部门成败的人，不然公司聘我来干吗？”

乔治越说越气，简直像在叫骂，顾问必须设法让他停下来喘口气。因为乔治不想坐以待毙，顾问知道自己也要冷静下来，才不会受到乔治的心情影响，于是要乔治再多讲一点："好，那你告诉我，会议上发生这种事的时候，你都做了些什么？"

"我气到不知道要说什么。"乔治对顾问说。当时他震惊过度，连话都说不出来。

"我们现在要处理的问题是什么？"她问乔治，想帮乔治每次只专注在一个问题上。

乔治解释："我这么晚才打给你，是因为我刚收到约翰寄来的电子邮件。他也把信件寄给了与会的每一个人，让大家知道他要把合约给他以前合作过的卖家。我很想当面对他说：'把你的脏手拿开，不要碰我的预算案。现在是我说了算，不是你。'可是我知道不能这么做。你觉得到底要怎么办才好？"

顾问曾参加过几次"暂停的力量"研讨会，晓得若要提供给客户可行的建议，就不能受到客户焦虑的心情影响。"我必须让自己暂停。"她后来向我解释，"遇到别人惊慌失措或面临紧要关头时，很容易受到别人的心情影响。我知道我必须帮他一把，让他从大局着眼，而不要把这件事当成人身攻击。"

学以致用

·很多时候，例如很生气、尴尬、相信自己没错，或是做了什么蠢事时，询问一下别人的意见一点也不难，对吧？想想看：要做什么事，才不会因为一时冲动就急着下结论？

·下回如果有人气冲冲地来找你，说他虽然知道自己不对，却决定要扳回一局，希望你快点给他意见时，你会有什么不一样的做法？

第四章会有故事的进一步发展。在故事上集，大家可以看到如何避免意气用事，到了故事下集，你会看到：就在同一晚，乔治的顾问如何用将近二十分钟的时间，教乔治摆脱愤怒的牢笼；又是如何让乔治和同事的关系从冰点回温，并且出现意想不到的突破性进展（想要立刻知道故事结局，请直接翻到第四章）。

暂停一下　“小秘诀”与“对呀，可是”

书中所有的故事都说明一点：暂停一下，想想一开始的反应，最后反而会帮你节省时间，挽回颜面。问题是：如何意识到“该暂停了”?尤其是当你觉得没有时间或没有必要暂停时。我把各种暂停时机的“暗示”列在下面，这些小秘诀可以提醒你何时该暂停，并展现你的CQ。

“暂停对你有利”的暗示

如果你正想着或觉得，或者是正在说下面任何一句话，就是该暂停的时候了。

1.我别无选择

暂停的方法是：你可以问问自己，如果真的可以选择，我会怎么做?

有一种观点是“即使觉得别无选择，我们还是可以选择”，这值得你想一想。当然，每一种选择的结果不同，总是有比较好的；就算什么都不做，也是一种选择。

对于周遭的人、事、物，选择如何回应是一种重要的能力。要发挥暂停的力量，找回这种选择的能力，就是其中重要的一点。

“即使觉得别无选择，我们还是可以选择。”这种观点很有力量。从纳粹对犹太人的大屠杀中幸存下来的弗兰克尔博士，在《活出意义来》这本著作中，为上述观点做了令人印象深刻的注脚。他被询问到，像他这样的集中营幸存者，当时是否有可能在精神上超脱于外在的一切，他回答：“像我们这种在集中营待过的人，永远都不会忘记那些来营房安慰同伴，又把自己身上最后一片面包分给大家的人。这种人或许不多，但是从他们身上见证了一件事：人的一切都可以被剥夺，唯独仅剩的一样东西不能，那就是选择的自由。无论在任何环境下，人都有自由去选择用什么态度做你可以做的事。”[11]这段话给我很大的鼓励，我随时都记得：即使在最艰困的环境下，当我们以为自己别无选择时，仍然可以选择。

2.这没道理呀！他（她／他们）怎么可以这样（对我）

这种反应意味着：事情和你期待的不一样，或者和过去的经验不符。暂停一下问问自己，有没有什么是我（对方）根本没想到的？

3.我必须立刻采取行动，免得被“别人”抢先一步

最起码请你休息一下，出去走一走，不然干脆就明天再说。根据美国

国家精神健康研究院的前研究主任库鲁克最近发表的研究报告指出，人类大脑会在深层短波睡眠期间将新旧资讯加以分类，再进一步找出各种问题的解决方法[12]。

4.真不敢相信又发生这种事情

问问自己，过去有什么“模式”是我没注意到的，或者因为不希望它发生，所以刻意忽略的？

5.我们意见不同

问问自己，我确定对方明白我的意思吗？而我也明白对方的意思吗？

6.那不是我期待的

退一步问问自己，我有没有预设立场？对方有没有预设立场？搞清楚后，再想想有没有必要重新来过？就像赛跑时经常有人抢跑一样，重来就好了：事情也一样，一错再错，殊为不智。

7.我晓得怎么回事就好了，别人怎么想，我没有兴趣知道

坚持己见不想听劝，又急着采取行动时，不妨想一想，换个角度会不会不一样？这里的重点是：要能听进别人的意见，不要过于武断或自以为是。

关于暂停的“对呀，可是”

多年来，各方专业人士常会请我去当顾问和讲师，每回我在介绍新观念时，难免听到有人说：“对呀，可是……”

身为教育工作者，我开始重视这些“对呀，可是”，因为这些时候会让我有机会知道，大家对新观念的接受程度如何，有没有什么合理的担心和误解等等。在每天各式各样的沟通场合中，对方的意见若是很难被你接受，“对呀，可是”这些字眼就很可能脱口而出。我强烈建议你不要这样说，因为任何“可是”后面的话，都等于把别人的意思打折了；想要达成有效的沟通，机会自然就变少了。遇到这种时候，我建议你停下来想想有没有更好的做法，例如第二部分会提到的“想想自己是否预设立场”，或是“推测式问句”等等。

“暂停是找回时间与能力的方法”这个概念听起来就不太对劲，一般人会误解也是正常的。下面是几种对暂停的常见误解，以及职场上实际可行的方式。

对呀，可是#1：暂停太花时间了。

事实真相：暂停可以是几分钟或几秒钟的事，多久由你自己决定。

• 要思考问题，暂停个十分钟、半小时或是十五秒，都没有人规定。在这段时间里，不管是你还是别人，都可以尽量找碴，有什么说什么，或者，找个专家局外人，问一些你们可能都没想过的问题。

• 暂停可以节省时间。想想看，一旦造成误会，不是要花更多的时间说清楚吗？沟通严重不良的情况之所以超过一般人的想象，是因为我们很容易光听自己想听的，或是光解决自己所认为的问题，就以为可以继续讲下去了。一个错误假设所造成的连锁反应，未来势必要花更多时间来处理，还不如一开始就把事情说清楚来得省事。

• 暂停可以让事情更圆满。暂时放慢速度，看看有没有其他可行办法，或者哪里想错了，这等于给自己一个机会，不必“磨坏排挡”就达成更有效的沟通。

对呀，可是#2：暂停给人优柔寡断的感觉。

事实真相：暂停其实是力量的象征。

• 我可不是要你动不动就暂缓决定，或把事情就这么搁着。比方说，想要的资料不齐全，或是因为太难选择，就干脆摆着不管，看看问题会不会自动解决。在当今这个社会，能否在“无论如何都挤不出更多”的时间内作出决定，也是领导力的重要一环。就像摩尔中校一样，必须作选择，才能真正解决问题。

• 就算只暂停一分钟都好，确认自己真的了解要处理什么问题，或者眼下的选择是最佳可行方案，往往会带来意想不到的收获。

• 可以把暂缓决定的理由说出来，别人就会知道你为什么这么做，也会明白并非自己优柔寡断。

对呀，可是＃3：暂停不就等于退出竞争的第一线？

事实真相：暂停让你更有竞争力。

“面对如火如荼的竞争，要如何暂停呢？”一位营运官这么问。这个问题放在目前这种全年无休的经济体制来看，正突显了决策过程最根本的吊诡。面对竞争，就算你像闪电般主动出击，暂停一样有用武之地。

• 面对如火如荼、刻不容缓的竞争时，不妨暂停一下问问自己，行动迫在眉睫，有没有什么是我们没想到的？如果时间多一点，我们会怎么做呢？不要把重点放在“你没有时间”，而是从“如果有更多时间，你认为可以怎么做”这个想法出发，看看能不能充分利用现有资源，或者增加新的资源，然后朝这个方向着手进行。

• 物理学家兼时间感知专家柯莱恩，对“压力与时间的因果关系”有其独到见解，可以帮助我们克制冲动，不要急着反应。柯莱恩认为，富兰克林那句经常被人引用的“时间就是金钱”，一般的看法根本就是错的。他解释说，富兰克林并不是要我们用一种“分秒必争”的态度来面对世界，只是认为我们不该“虚度光阴”。柯莱恩指出：“相信时间像金钱一样会有损失，在意识到‘时间不够’时就会带来压力……我们并不是因为没有时间才觉得有压力，而是因为觉得有压力才没有时间。”[13]

如何拿回控制权并找出新选择

整个第一部分都是在谈“效能方程式”的第一个元素“暂停”，大家也看到它可以带来什么样的力量。在接下来的第二部分，第二个元素“好奇心”即将登场，你会看到它在方程式中扮演了何种角色。结合暂停与好奇心这两个元素，不仅沟通障碍变少了，效率变高了，与别人相处时也更能察言观色、切中要点，不必再把时间浪费在表面问题上。

面对工作与人生，你的态度是什么？生命只有一次，值得停下来好好思考一番。重新再出发，相信你会更加深思熟虑，不再鲁莽行事。下面这个“栩栩如生”的例子，会让你对“选择”有另一番体会。

不要摔下悬崖

还记得有部经典卡通片《哔哔鸟》（*The Roadrunner*）吗？里面那只可怜的土狼威利，为了追那只超会躲的哔哔鸟，每次都会摔到悬崖下面。设想一下如何把暂停的力量当成一种安全机制，让自己避开人生中这种类似土狼威利的窘境。

少了暂停的动作，土狼威利的窘境可谓如影随形。等到你发现自己冲出悬崖、开始跌落万丈深渊时，自由落体的速度肯定会让你痛得嗷嗷叫！

卡通片里的威利从不暂停，一集复一集，每次都看着自己重蹈覆辙。多亏了制作卡通的人，它才能金刚不死，继续不停地追下去。

累了吗？休息一下，让我们继续看下去。

The Power of Pause ①

第二部

保有好奇心，不要怒气攻心：

拿回控制权并找出新选择

第四章　恶言相向的后果

在今天这个繁忙的社会，只要一急，就容易忽略一些重要的东西：也许是某件事、某人的某个意图、某个人的语气或微妙表情，还是什么没有察觉到的问题，或是以前发生过的事、现在刚发生的事，等等。但是，事后却又懊恼不已，恨不得当初稍微停下来想一想，是不是自己理解的就是别人真正的意思。少了好奇心的力量，要付出的代价真的不小。

每天一开始，我们就忙着生活与工作，事情常常决定得很匆忙，有时讲话口气也很冲。当我们觉得没时间或没必要保持好奇心时，通常会有两种反应：一、生气或自我防卫；二、仓促下决定。

用这种态度面对工作与生活，只要一个不留神，就会产生负面的连锁反应。例如，顾客可能和你发生争执，或者干脆上网投诉，让你付出惨痛的代价；或者是大肆谈论员工或老板的八卦，最后可能害自己或别人丢了饭碗；又或许有可能因为过于坚持己见，让重要的人际关系毁于一旦。凡此种种，如果我们能转换到空挡，“真心”保持好奇，就可以避开这种代价不菲的错误。

我们很容易忘记：大部分怨气都来自于没有表达，或是被人误解的“期待”[14]。许多研究都指出：“期待”就像一副有色眼镜，决定一个人看到什么、听到什么、感觉到什么，以及重视什么。有三位学者在《市场研究期刊》中共同发表了一篇研究报告，里面指出：心里有什么“期待”，就会认定什么“事实”。例如：当受试者被告知拿给他们使用的东西很贵时，相较于那些被告知东西不贵的人，他们会觉得东西比较好用，但其实两种东西根本就一模一样[15]。还有，当事情和预期不符，或者和自己听信的不一样时，我们也会觉得意外。此时，暂停可以让自己“重回”空挡的状态，不会因为事情出乎意料就变得手忙脚乱。

这时，你可能会这么想：“好吧，既然该换挡了，离合器我也踩了，油门也放开了，我应该利用这个暂停做些什么呢？实际上有一堆事情等着我去处理，总不能叫我待在原地不动吧？该准备的要叫人准备，该进行的也要着手进行，该指示的也要吩咐下去。大家都在等我发号施令，而且所有的事情最好一次就搞定。”

你说的当然没错。事情一急，就容易自动作出反应，要你耐住性子急事缓办，或者停下来想一想，实在蛮困难的。《大脑决策手册》的作者雷勒曾在《波士顿环球报》写了一篇文章指出，当专家学者用全新的眼光来看待决策这件事情时，会发现：“要作出好的判断，关键不在直觉、经验或才智，而是那颗愿意深刻反省的心，也就是加州大学伯克莱分校的心理学家菲利浦·泰洛克（Philip Tetlock）所谓的‘自我倾听的艺术’。”[16]

如何“才能”深刻反省呢？尤其是你有回应的压力时。本章稍后会告诉你，如何在暂缓回应时保有好奇心，并且反省自己认为的、听到的与了解的部分，以找出背后的真相。不过，在探讨这种反省心态之前，我们先来看看，从作出反应到仓促决定，背后的原因到底是什么。

长大后……好奇心退居幕后

大多数人应该都同意，好奇是小孩的天性，他们既不会先入为主，也不担心是非对错。不过，他们很快就能学会哪些行为可以得到奖赏，哪些行为会使自己遭殃。

心理学家丹尼尔·戈尔曼（Daniel Goleman）在其著作《EQ》中提到了一个名词“情绪劫持”（emotional hijacking），意思是说：单单一个词语、声调、表情，甚至是记忆，就会引爆情绪反应，让感性凌驾于理性之上。除非我们能养成一种新的习惯，作为大脑系统的“预设值”，否则很难退一步对自己说：“我很好奇到底发生了什么事。”

“发生了什么事？”有时候，说出这句话并非真的觉得好奇，而是因为害怕，想要保护自己，或是被激怒。2008年9月，美国发生了难以想象的金融风暴，并且延烧至世界各国，民众当时的反应就是一个最明显的例子。突如其来的大利空让股市暴跌，很多人的存款、退休金，甚至工作都受到影响，各行各业都是一片愁云惨雾，大家对未来几乎失去了信心，恐慌情绪愈演愈烈。美国政府提议拨款700亿美元应急，各界引颈期盼，希望能借此稳定信贷市场。然而，无数的美国选民、纳税人和一般公民都出现了反对声浪，大家都不希望立法高层如此草率行事。“别这么快下决定！这样让人很不放心。谁知道砸大钱应急有没有用？”有人写电子邮件表示反对，也有人在谈话节目或博客中表达诉求，甚至还有人走上街头抗议。不过，也有人觉得政府动作太慢，怎么那么久还没搞定。

民怨沸腾，大家自然都想知道：怎么会发生这种事？谁该负责呢？谁来赔偿损失呀？我到底该怎么办？所谓众怒难犯，正意味着哪里出了问题。

如果能把生气视为进一步理解的契机，不要变成行动的导火线，很多事情就可以处理得更圆满。那要怎么做呢？首先要正视“生气”这件事，接受它，然后，用一颗好奇的心好好地想想生气的原因。金融专家经过了好几个月才愿意承认，为了避免金融危机进一步扩大所采用的急就章方法，根本就是一厢情愿，难以力挽狂澜。雷曼兄弟公司爆发美国史上最大的申请破产保护事件后不久，耶鲁大学管理学院教授杰弗里·索南菲尔德（Jeffrey Sonnenfeld）便指出：“没有人想到情况会变得如此严重。事到如今，到底要怎么做，已经没有人有完全的把握了。”[17]

如何摆脱情绪劫持

当我们有回应的压力时，最困难的地方在于：除非能够很快控制情绪反应，否则便有可能做出蠢事；不仅该解决的没解决，还会错失良机，令人扼腕[18]。就像一位成功企业主管所言：“生气是一种真真实实的感受，会让你无法用心去思考：应该如何回应比较好。我现在才知道，有一个可以吐苦水的朋友真是何其有幸！”“保有好奇心，不要怒气攻心”的思维可以让你：

1. 克制冲动，不要急着回应（暂停）。
2. 把自己从眼前的情绪中抽离出来（暂缓回应）。
3. 保持好奇，把所有的想法和事实过滤一遍（暂缓判断）。
4. 重新掌控情况并发挥自制力（切换到正确的挡）。
5. 作出更周全的选择（继续前进）。

选择保有好奇心，就能充分发挥沟通商数，然后针对你“认为”你知道的事实，进一步找出表象背后的真相。第一部分提到的那位管理顾问，在面对怒气冲冲的客户乔治时，是如何展现上述思维的呢？且看下面的故事发展。

他以为他是谁？（下集）

如何摆脱情绪劫持，并且作出更明智的选择？

权威受到挑战这种事情，没有清醒的头脑是处理不好的。这个故事让我们看到，职场生涯的大起大落可能在短短几分钟内，因为一通电话或是按一下鼠标就成了定局。

乔治大骂：“约翰居然敢寄那种电子邮件给我的团队！他认为他有权把不必招标的合约给他以前合作过的卖家吗？他以为现在还是他当家做主吗？真是太过分了！我真想当面臭骂他一顿。”

乔治的顾问学过如何发挥暂停的力量，便停下来想了想，然后很快地把重点放在两件事情上，希望能帮客户掌控眼前的局面。她心想：第一，乔治认为，表现出生气的样子才能突显他是老大；第二，针对这个营业额达数百万美元，而且还在快速扩展中的部门，乔治的目标应该是，希望把内部人事问题处理得比过去约翰当家时还要好。

对于乔治的愤怒，顾问表示感同身受，对他说：“乔治，你完全有理由生气。听起来你好像被人设计了，有人在背后捅了你一刀。你应该是觉得，约翰抢走你的案子是为了抢当老大吧？”

她想要一步步引导乔治，于是接着问：“你现在希望怎么样呢？”

乔治毫不犹豫地回答：“很简单：拿回主控权，让别人知道我才是老大。不要以为我好欺负，可以随便跳过我去管该我管的事。”

为了帮乔治摆脱眼前的处境，顾问说：“我们不妨退一步想想，在这整件事情上，约翰有没有发生什么我们不知道的事？”

她问乔治，约翰会不会有什么私人理由，才把合约给了自己的老朋友？于是，乔治停下来想有没有这种可能。结果才短短几分钟的时间，乔治已经没那么生气了。他如释重负地笑了笑，对顾问说她可能是对的，或许约翰是出于什么原因才这么做，并不是故意不尊重他。正因为“换了挡”，乔治冷静了下来，开始用心思考顾问提出的几个先前他根本就没想过的问题：

1.有没有什么“我们不知道”的原因，让约翰作了这个不用招标的决定？

2.有没有什么“和你无关”的压力，是约翰现在正在承受的？

3.有没有什么其他因素，让约翰觉得把这个大型合约给他以前当家时合作的卖家是个好主意？

乔治没有回信痛骂约翰，他现在可以想象，要一个前任主管交出权力有多么困难，之前他完全没有这样想过。于是，他写了一封信给约翰："不如我们一起考量所有的变数后再来作决定，你觉得如何？我是想，这样才有机会多多请教你。"他没有学约翰把其他人放进邮件副本，只是想和约翰一起商量后再作决定——这个乔治先前认为只有他才能作的决定。

虽然约翰没有说为什么会觉得应该把合约给原来的卖家，乔治却很清楚，自己心里早已作了招标签约的决定，只不过从没透露给任何人知道。这两个人有个共同点：彼此都不觉得，重要的事情有必要先跟对方商量后再作决定。

事情的转折点在于乔治明白了一件事：人一生气就会控制不了自己，也会变得很无能。之前他从来都没有这样想过，一直以为表现出生气的样子，才能突显自己的能力。最后，这个一向独揽大权又老爱发号施令的领导者因为与人为善，反而找回了自制力与领导能力。他的顾问让他明白了一个重要的道理：如果因为生气便控制不了自己，就不可能成为一个好的领导者。

学以致用

• 可以协调出什么方法来避免越权办事的争议？例如，可以教导员工，一旦出现有人越权的迹象，就试着利用"推测式问句"，或是"保有好奇心，不要怒气攻心"的思维，厘清可能的误解，以免演变成不可收拾的局面。

·上述顾问对客户的三个提问，请试着更改成一般通用的句型，作为生气时的换挡提醒。

1. 有没有什么“我们不知道”的原因，才让对方这么做？

2. 有没有什么“和你无关”的压力，是对方正在承受的？

3. 有没有什么其他因素，让对方觉得他那样想是对的？

压垮骆驼的最后一根稻草

在这个快餐文化当道的年代，情绪压力锅一旦爆炸，可能就一发不可收拾，彼此误解、互相攻击的戏码随时都在上演。一下子要应付怒气冲冲的顾客，一下子又要忙着扫毒，免得电脑死机。疲于奔命的结果，随时都可能出现压垮骆驼的最后一根稻草。

无论是误解别人或是被别人误解，有时心结一生，不是三言两语彼此就能和好如初。不过，这也不是新鲜事，比较令人惊讶的是，误解竟然可以在电光石火间发生，然后以燎原之势一发不可收拾。虽然科技的进步让人际沟通变得更方便、更快速，造成误解的机会却也相对增加。判断过于轻率可是要付出不小的代价，然而，这正是现代科技社会的写照。我们举一些相关的研究为例：

压力越大，效率越差

压力一大，处理讯息的能力就会受到影响，不但工作效率变差，连工作态度也会变得消极。全世界的研究报告都指出，与压力有关的症状，如易怒、生气、神经质、失眠和缺乏动力等，都出现得越来越多。

时间紧迫焦虑症候群

除了压力，还有一些其他因素会降低我们的理解力，并且对健康造成影响，“焦虑”便是其中之一。根据美国西北大学研究人员的调查显示：生活节奏变快，罹患高血压的机会就明显变高。《美国医学会期刊》曾刊登了一篇为期十五年、关于十八到三十岁成年人的研究报告，里头提到：受试者被要求为自己评估等待和赶时间时的忍耐力有多大，也就是所谓“时间紧迫焦虑症”所表现的行为模式。该研究报告的第一作者——西北大学的阎丽静博士解释：“一般而言，时间压力和焦虑感越大，长期下来罹患高血压的机会就越高。”不过，对于忙碌的现代人而言，或许在按下电梯按钮的那一刻，焦虑就开始了。正如美国广播公司新闻网某天傍晚所报道的：多年来，Otis电梯公司的设计人员已经发现，现代人的耐心已经快被磨光了。根据他们的研究显示：“生活在大都会的居民等待电梯时，平均不到三十秒就会开始出现焦虑，一分钟就简直是无止尽的漫长等待。”[19]

人类天生追求速度

格拉德威尔在《决断2秒间》里提到：人类拥有灵敏的“薄片撷取”式大脑，往往可以在无意识的情况下，迅速处理进入脑袋的资讯，然后针对所见所闻所感瞬间作出判断。他解释：“心理学有一种很好的说法叫‘薄片撷取的力量’，意思是说，人类可以根据极小片段的经验来了解整体情况。”[20]遇到我们专门（或自以为专门）的领域时，或是“需要辨认出某种模式”的场合时，这种现象尤其明显。他的研究也显示，除非我们能稍微暂停一下，否则很可能会不时受到偏见和刻板印象的误导。

电子邮件呼吸暂停症

苹果电脑与微软前资深主管琳达・史东发现了另一种现象，说明电子世界中的种种是非，为何总是那么容易牵动着我们的思绪。她观察到，人们在收发电子邮件时，常常屏着气息。她访谈了美国国家健康研究院的研究人员，以及其他专家与医生，大家都证实了屏着气息和浅呼吸会对神经系统造成影响。这项发现最引人注目的地方在于：“屏着气息”和“很想快点回应”之间会发生关联，是因为大脑进入了所谓“攻击或逃避”模式。她把这种现象称为“电子邮件呼吸暂停症”[21]。

越来越难放慢脚步

越来越多人不眠不休地工作，饭也不吃，假也不放，结果不但变得较没耐心、容易分心，脾气也变得更暴躁。

丧失了“人性时刻”

“注意力缺乏症”权威瑞提博士和哈洛威尔博士，发现一般人因为受到环境因素的影响，专注力变得越来越差。哈洛威尔在他们的著作《分心也有好成绩》中解释，科技无孔不入地渗透到生活的各个角落，大大削弱了我们的沟通能力：“电视、手机、随身听、网络、电玩、传真、电子邮件、黑莓机，以及各式各样备受人们喜爱的电子产物，早已和我们的生活密不可分，大家也因此越来越少见面了。电子时刻取代了我所谓的‘人性时刻’，让我们无形中少了亲密互动的机会。”[22]

既然外在环境因素容易让彼此产生误解，引发“攻击或逃避”的反应模式，那么我们不妨问自己一个问题：相互误解已经够烦人了，为何还要浪费时间替自己辩护或责怪别人？可能是我的错，也可能是别人的错，但这些都不重要。责难不会带来理解，我们必须改变心态。

“理解上的失误”克制连锁反应

想想你上回觉得被人误解是什么时候。无论是说话、留便条纸、语音信箱留言还是传短信，“你”都很清楚自己的意思，不是吗？正常说来，这种误解应该不是第一次了。为什么会造成误解呢？可能因为对方一时分心没听清楚；或者因为对方希望你说些别的，所以就没有专心听你说；也可能是因为对方听你说话时有一些想法，就开始在心里一直想着要怎么回应你，结果后面的话就漏听或听错了。有太多可能的原因，都会让自己想表达的意思（包括自己没有察觉到的矛盾情绪）无法顺利传达给对方，再加上大多数人很少会在意你是不是“话中有话”，到最后，被人误解的情况比我们所想的严重得多。遇到沟通很不顺利的场合，可以把这种情况视为一种“理解上的失误”。这样就能提醒自己，只不过是什么事情失误而已，才不会流于情绪化而弄僵事情。

为了公平起见，让我们把情况倒过来想（这样你比较不容易有情绪）。你上回误解别人是什么时候？同事、客户、潜在顾客、卖家、病人、老板、学生、配偶、陌生人，或朋友？虽然对方认为他的意思已经够清楚了，但是，当对方说的话或做的事还是被你误解时，你觉得他会有什么感觉？

暂停的力量练习二
意识到自己与别人的心灵滤网

每天接收那么多信息，大脑都是怎么处理的？这里有个方法：只要想成自己在跟自己对话，一切就豁然开朗了。心里的对话就像心灵滤网，会影响我们听到多少内容，以及如何反应。你如何诠释事情，觉得听出了什么，都是心灵滤网层层把关的结果。举例来说，《华尔街日报》记者克莱门茨曾写过一篇文章，探讨“验证性偏见”（Confirmation Bias）这种现象。这个概念是说，对于某个构想或决定耗费的心力越多，就会找更多资讯来证实自己的观点，却没有意识到反面资讯已自动被你挡在了门外[23]。

你可能在跟顾客讲电话，或者在一间挤满人的会议室开会。想象一下，他们正在一边“听”，一边把内容和意思都过滤掉了。下面列出的是，他们如何一边在心里跟自己对话的“同时”，还在传短信、看电脑、开视讯会议和收发电子邮件等。尽管周围一片沉默之声，我们仍应接受考验，设法与他人达成有效的沟通。

别人说话时，我们的心灵同时也忙着拿下面的滤网来过滤讯息：

心灵滤网影响我们的认知

1.认定：我知道你要说什么（心里预设了立场）。

2.回应自己的期待：你说的不是我期望听到的（心里作了回应）。

3.解决：你说完了吧，我已经有答案（办法）了（心里开始不耐烦）。

4.情绪化解读：你很不讨人喜欢（心里觉得不屑）。

5.质疑：我听不懂你在说什么（心里觉得不舒服）。

6.反对：我不同意你说的话（心里想要争论）。

7.赞成：我同意，我也是那么想（心里说：“我懂了，然后呢？”）。

8.计划：我还有别的事（心里想着下一件事）。

9.处理更重要的事情：我现在无法专心思考（心不在焉）。

10.胡思乱想：什么时候吃中饭？爸爸生病怎么办呢（心里觉得有压力）。

除了心灵滤网，一个人的外表、性别、口音、声调、表达技巧，甚至有没有具备相关证书等，也会降低我们与他人沟通时的专注力[24]。

既然大脑会自动过滤别人说的话，我们就有必要确认自己已确实“掌握住”对方说了什么，真正的意思又是什么。要完全拿掉心灵滤网是不可能的，但你可以随时提醒自己，一旦心里的对话让自己分神，就要赶快“回到沟通现场”。相对地，如果别人误听了或漏听了你说的话，你也不会那么在意。另外，当对方觉得你听错意思，直言你好像没有专心听他讲话时（如图4.1所示，那时你心里可能正忙着认定、解决或处理），你也不会一直浪费时间替自己辩解。

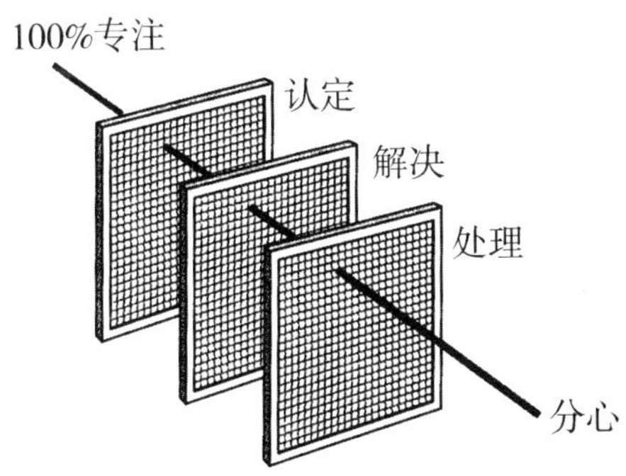

图4.1　心灵滤网降低你的专注力

就像上述心灵滤网所显示的，当你忙着诠释别人的意思时，就很容易因为心里的对话而分心。要百分之百专注在别人想要表达的意思，几乎不太可能，因此“理解上的失误”自然也就在所难免了。

第五章　确认对方的真正意思

读过上一章，如果说进行沟通时，别人说的话有70%到80%会被误解或遗忘，大家应该不会觉得大惊小怪吧？[25]的确，这样听起来让人很泄气，既浪费时间又容易得罪人，简直就像是做无用功，一点意义也没有。不过，既然意识到这一点，沟通时就必须确认对方的真正意思。这时，保有正确的心态，同时通过一些方法来提升沟通商数，就变得很重要，因为这样才能预防或处理“理解上的失误”。我们先来看看一些既省时又能达到沟通效果的方法：不要把误解作过度情绪化解读，压力就不会那么大了。

暂停的力量练习三
暂且先相信别人

在职场上，大家越同心协力，目标就越容易完成。要让彼此沟通更顺畅，先养成“暂且先相信别人”的习惯会是好的开始。即使要花上那么几分钟，但只要开始明白问题出在哪里，最后的赢家还是自己。“暂且先相信别人”时，我们不会轻率地下结论，反而会去思考：也许哪里没有表达清楚，所以才会听错或漏听；或者因为提到了某个点，双方都为了面子，才会言不由衷或词不达意。另外，这种“暂且先相信别人”的态度也可以提醒自己：可能背后有什么我们不知道的原因，对方才会这么做。以我自己为例：担任高级主管指导员和商业顾问时，我曾和许多成功的专业人士共事过，他们很多人都患有“注意力缺乏症”，所以想法和做法经常被误解，这也是我力劝你要暂且先相信别人（不管是谁）的其中一个原因。先相信，不要评断，再利用暂停的力量察觉出别人行为背后的动机。

暂停的力量练习四
不要把“怨气”存进“怨气户头”

有时候，我们会不自觉地把“怨气”存进我所谓的“怨气户头”，然后放任它生利息。等到哪一天在毫无预警的情况下，因为什么事反应过度，一下子就把怨气全部提出来用光光。可能你曾经说过或做过什么让我觉得很火大的事，而我之所以从来没有告诉你，是因为我觉得讲了也没用，或者讲出来会影响关系，结果这个“怨气”就存入我的“怨气户头”开始生利息。日后，我可能不太有意愿认真听你讲话，甚至特地中伤你或躲着你。这个“存进户头”的记忆会慢慢恶化，让我心里的压力越来越大，于是我们的关系就开始变质。等到有一天，我可能会突然对你发飙，甚至殃及池鱼，因为怨气户头里的怨气存到一定程度时，破坏威力远超过我的想象（第三部分会进一步探讨这个概念）。

下面这个故事告诉我们，利用暂停与几分钟的好奇心，再加上“暂且先相信别人”的态度，如何创造公司业绩又为企业文化加分。

重点不在胸牌！

关键时刻，你觉得员工做得不对时，要如何让员工把你的话听进去呢？

再过不久，评级人员就会出现，他们将决定这家饭店的整体服务是否值得从三星级升为四星级。评级越高，越能吸引高收入客人，饭店生意自然也就越好。公司告知所有员工，要“提供给客人热情、友善的个人服务”。不过，这家饭店有一个问题：部分员工工作时，并没有别上公司规定的全新黄铜色别针胸牌；有些员工虽然别上胸牌，却被发现他们在走廊上遇到客人时，眼睛老是看着脚下的地毯。对饭店升级来说，这两种情形完全没有加到分。我们接着来看看，因为预设立场而采取了无效对策的饭店经理们，在他们决定暂且先相信员工之后，发生了什么事。

一开始，饭店经理们认为事情不难办，只要提醒所有员工目前公司的新规定即可："你们知道，公司的新营运方针，就是员工必须别上胸牌，经过客人身边时要看着他们的眼睛打招呼，或是询问他们：‘住得还愉快吗？’"

结果，情况完全没有改变。

于是，经理们决定，只要发现哪个员工没有别上胸牌，就加以惩处。结果一样没有用。

后来逼问员工为什么不遵守公司规定时，员工们反映，胸牌别针会在制服上戳个洞，或者一不小心就会掉到地上。经理们便松了一口气，认为问题总算解决了。他们决定购买磁性胸牌，并且对那些不遵守规定的员工给予正式的惩处。

我得知这个消息后，便询问总经理能不能给我几分钟，让我找几个员工谈谈。总经理虽然相信经理们已经找出问题，也准备要颁布新规定了，但她也想知道是否还有其他隐情。她不希望把时间和资源浪费在错误的问题上，便答应我和员工们谈一谈。我怀疑，这些以前从没别过胸牌的员工不想别上胸牌，背后可能有什么公司不知道的原因。我们的对话并不长，但是，在我用“推测式问句”说出“我认为”和“我感觉”员工真正想要表达的意思之后，事情的轮廓就变得越来越清楚了：

员工：“和客人讲话，我们会担心。”（在我回答前，我在想他们用“担心”这个词是什么意思。我猜应该是：我不担心说错话，因为客人大多会了解你只是想帮忙，而且，需要帮什么忙，客人自己会讲清楚。）

我说：“听起来，你们的意思是说，你们担心客人需要帮忙时，自己可能不晓得要怎么帮忙。”

员工：“没错。而且，你知道吗？我们当中有人在设备保养部门，有人在房务部门，有人在行李柜台，有人负责客房餐饮服务。”（我大概了解他们这样说的意思，但是不太确定，所以我把自己认为的意思告诉他们。）

我说：“看看这样说对不对。客人需要帮忙时，你们会想要帮忙。但如果遇到客人需要帮忙的，是你们没有受过专业训练的部分，你们可能就不知道要怎么帮忙了。”

员工：“这个嘛，多少也会啦，可是这不是重点。真正让我们觉得困扰的是，我们不知道要去问谁才能帮到客人的忙。”

我说：“哦！所以你们的意思是，如果客人需要帮忙的，属于其他部门负责，你们会担心没有求助的管道。”

对话过程中，我不断利用暂停和推测式问句，让真相渐渐浮上台面。结果发现：

· 每一周，公司都会召集各部门一起开会检讨得失。所以，每个员工都“保持警戒”，提防着哪里可能出错。

· 如果哪里出了状况，订房、客房清洁、特别活动或客房餐饮服务等，部门的主管就会互相指责。只要矛头指向自己身上，他们便火速提出“证据”，证明是其他部门的错。

· 这种“推卸责任的游戏”，让员工们觉得多一事不如少一事。大家都变得没什么意愿与客人互动，即使同事需要帮忙也懒得插手。

问题当然不是出在胸牌身上！

问题出在，客人需要帮忙或抱怨什么事的时候，员工怕客人知道自己的名字。员工们以前从来不别胸牌，现在别上胸牌，一旦出了什么状况，就会觉得自己暴露在外，没有安全感。他们不想因为不是自己犯的错，而遭人指责。如果饭店管理阶层继续用新规定来强迫员工配合，就等于错过了找出问题真正原因的机会。帕特里克·兰西奥尼（Patrick Lencioni）在《破除藩篱：如何让部门之间不扯皮》（*Silos, Politics and Turf Wars*）与《克服团队协作的五大障碍》（*The Five Dysfunctions of a Team*）中，曾经针对上述观点作了相当精辟的分析。这家饭店会出问题，真正原因就是：各部门之间划地自限、各自为政。

投资报酬率

我们替饭店经理们策划了一项“停止推卸责任”的活动，同时开了一门进修课程，教大家一些沟通技巧，帮助自己掌握沟通时机，并且在沟通时“不带偏见、开诚布公”。结果呢？经理们处理问题的效率不但变高了，彼此之间也更能互相信任。他们开始出席其他部门的会议，除了认识该部门的员工，也借机说明客人需要帮忙时如何互相支持。这家饭店不仅成功升为四星级，开会时也不再互相推卸责任。突然间，这个由许多部门组成的“团体”，蜕变为一个真正的“团队”。

我们回头来看看：饭店顾问用推测式问句花了几分钟时间和员工沟通之后，总经理必须怎么做，才能让这些时间的投资报酬率达到最大？她和其他饭店经理先前都认定，员工“显然”缺乏敬业精神。这个想法要先丢在一边，然后必须愿意暂停且保有好奇心，最后就会发现：纸上谈兵只会流于一厢情愿，推测式问句和几分钟的倾听才能找出问题、发现真相。现在“推测式问句”已经成为这家饭店的日常沟通文化，饭店至今都维持高评级，在饭店业不景气的时期依然屹立不摇。

暂停的力量练习五
使用“推测式问句”作为风险管理工具

在当今社会，“不当的预设立场”和“急功近利的决策”，都很快会让人自食恶果，推测式问句因此变得比任何沟通技巧都重要许多，它已成为一种“产生获利、节省时间与诚信营造”的风险管理实用工具。

推测式问句最基本的方式，就是简述别人的语意：用自己的话说出你了解的意思。让对方知道你“听出”什么，同时给他一个机会，针对你的理解加以确认或说明，即可建立双方的信任关系。这是一种值得培养的习惯。小小的前期投资，最后却能节省更多沟通时间，让自己作出更好的决定，这正是暂停的力量。

让别人知道你听出他话里的意思，而不是想证明自己没有听错，会让对方更容易透露“心里想说的话”。一开始就利用推测式问句，让别人知道你听到了什么，让他有机会再次补充说明你漏听或听错的地方，更容易让别人对你产生信任感。

多年来，包括同事、客户和我自己都发现，许多人虽然读过沟通技巧的相关书籍，或者上过推测式问句教学课程，但大家都反映，若是将所学应用在实际生活中，会有一种格格不入的感觉。相较之下，各方意见都证明，多多使用“推测式问句”这项能够发挥暂停力量的技巧，会让人习惯成自然。根据我的实际观察研究，要让推测式问句内化成领导力DNA，需要：一、镇定（暂停）；二、一种愿意让别人知道自己听出什么的“虚心”；三、持续不断地练习。随时提醒自己下面两件事，“推测式问句”这项暂停利器就会变成一种沟通的好习惯：

1.我（或对方）有没有预设立场？有没有哪里忽略了、漏听了，或是自认为自己是对的？

2.现在是暂停并保有好奇心的时机吗？从沟通的“中立区”出发，我现在是否应该冒险向前一步，让对方知道我不是想证明自己没有听错，而是很想了解他真正想说什么？

《世界大趋势》作者奈斯比特在20世纪80年代发明了一个词“高技术个性化”（high touch），意思是：无论科技如何发达，永远不要忘了“科技始终来自人性”[26]。在今天这种科技挂帅、节奏快速、效率至上的现代社会中，推测式问句找回了“高技术个性化”的精神。无论是收发电子邮件、讲电话、电话会议、视讯会议，还是一对一或团体的沟通，推测式问句都派得上用场（如果你还在犹豫，觉得推测式问句太花时间，或是担心没有拿捏好分寸，反而造成反效果，这都是人之常情。请放心，在第二部分后面的“小秘诀”和“对呀，可是”中，我会告诉大家如何正确使用推测式问句）。

无论口头还是文字沟通，使用推测式问句表达你所了解的部分之前，有件事情相当重要：一定要保有正确的心态，也就是“好奇心”；你说的话、做的动作，都必须表现出好奇的态度。换言之，你必须做到：有什么怀疑都先搁在一旁，同时不要预设任何立场。下一章就会看到，“保有好奇心”在这里扮演了什么关键角色。

第六章　什么是好奇心

真正的发现之航，不在于寻觅新土地，而是拥有新视野，我们必须学会用新的眼光看世界。

——普鲁斯特

如果可以学会用新的眼光看世界，会有什么不一样呢？好奇心是一种足以提升沟通商数的心态，人们越觉得好奇时，就越不会先入为主，越会想要发掘事实背后的真相。而且，也比较不会在意自己有没有想错，反而会去探究原先不知道的事，待确认清楚后，再决定下一步该怎么做。保持好奇，等于不排除任何可能：也就是这种心态，让我们可以真正去理解别人的意思。

暂停的力量练习六
展现“保有好奇心，不要怒气攻心”的思维

在当今这个忙碌的社会中，我们随时都可能被情绪牵着走：或许有人越权，让你觉得自己不被尊重；也或许你觉得箭在弦上，不赶快作决定不行。无论如何，要让一个人在情绪爆发时还能保有好奇心，实在没那么简单，所以我整理了一份提示表，提醒你注意：情绪开始升温时，你（或别人）的好奇程度还剩多少。这份“好奇心提示检查表”可以提供一种快速发挥暂停力量的方法，让你根据不同的目的、时间紧迫程度，以及是否有深入了解的必要，找出最有效的对策。以往有没有发生过什么沟通不良的情况，让你印象较深刻的？用检查表测量一下你（或别人）当时的好奇程度。鉴往知来，下回若发现自己无法保持好奇，或是说话脱口而出，就有能力及时“回转”，进一步达成有效沟通。

发挥创新的价值

好奇心很重要，因为它不仅是一种帮你克制冲动、不要急着反应的“方法”，更是一种让你发挥创意、展现灵活思考的“心态”。在职场上，相信很多人都经常面临一种两难局面：虽然有必要快快做好事情，但是，一味地墨守成规、缺乏创新精神又绝非上头所乐见。作家马可娃以

学习与知觉方面的研究闻名，她在接受《纽约时报》记者采访时强调：“创新首需满怀好奇，而我们却被教导要‘作决定’。”[27]

好奇心提示检查表

把“我知道”看得比较重要

好奇的机会较低

我是否把事实“视为真相”?

我是否作了决定?

我的决定是否被经验牵着走?

我是否只顾着事情符合自己的预期?

我是否把“自己对不对”看得很重要，而且我是否通常都是对的?

我是否觉得自己说得很清楚?

把“想知道”看得比较重要

好奇的机会较高

我们是否承认“事实可能不是全部的真相”?

我们是否看出别的可能性?

我们是否保持开放的心胸，把别人的经验也纳入考虑？

我们是否有兴趣考虑预期外的事情？

我们是否把其他可能的选择看得很重要？

我们是否认为，自己或别人随时有可能发生理解上的失误？

如何抵抗压力，不急着反应，就是给自己一个暂停的时间。暂停会让你找回选择的能力，用完全不同的角度思考事情。

生活充满了“挑选”。无论所说的话、所写的内容、所想的事情，还是分享的东西，都经过了挑选。为了不冒犯别人，决定用婉转的方式沟通，或是克制一些不好的想法，通通都是一种挑选。回忆一下过去沟通不良的情况，然后再想想你当时的挑选。所有的挑选都是环环相扣的，任何一次选择都会决定接下来发生什么事情。

现今的各行各业，无论是保健业、政府部门、财务公司，还是新闻采访机构，需要处理的资讯量都相当庞大。彼得·夏普兰（Peter Shaplen）是一位得奖的广播记者，同时也是企业主，过去曾担任新闻主任，“限期作出决定”可说是他大半生的写照。有鉴于此，他分享了一段早期担任影片制作人的冒险经验。当时的情况是：为了完整地勾勒事件全貌，他必须选择适当的镜头加以剪辑。那么，是要发挥创意慢慢剪，还是越快剪辑完越好？他斟酌再三，陷入天人交战的两难境地。如果是今天，他一定会立刻呼应马可娃告诫式的恳求：为可能性留下空间。

现今社会的生活，没有太多机会可以让你先行尝试。你能做的，除了作决定还是作决定！

三十年前，影片剪辑仍处于发展初期，硬体设备也很粗糙。想要剪辑影片，你必须先设定“入点”和“出点”，也就是影片开始和结束的位置。然而，无论设定再怎么精确，一旦按下红色的剪辑键，最后跑出来的结果还是会和原先设定的不太一样。这是因为机器会“滑动”，所以入点和出点才会和原先想的差了那么一点。这时，除了重新操作之外，也没有别的办法。

另外还有一个白色的剪辑键，可以让你“预览”剪辑后的结果。如果按下红色键，不管结果好坏对错，一切都成定局。但是按下白色键，机器会依照你想要的方式，先让你看看可能的成果。

现今社会中，好像每个人都想证明自己很行，不管是时间压力造成的，还是因为自尊心作祟或责任感过强，我们总觉得自己知道该怎么做或怎么说，要不然就是觉得自己别无选择。结果，自以为有把握的事，往往因为操之过急、不考虑后果，最后就砸锅了。

懂得利用暂停，就可以问问自己：这值得我花费时间吗？值得我费心吗？值得我亲自出马吗？暂停给了我选择的机会，让我可以发挥超乎自己想象的能力。

下面引述一段梭罗的话。我在研究好奇心的特质时，这段话给了我很多启发：

一直住在山的东边，看到的山就永远在西边。重要的关键时刻发生在：愿意绕到山的西边，看到的山就会变成在东边。

预防胜于治疗

既然误解或被误解的可能性越来越高，为何不主动降低这种风险呢？

一旦产生误解，可谓费时又伤神。想要尽量避开这种无谓的纷争，只要把下列环环相扣的三个步骤变成你的沟通习惯，就可以成功做到“精神换挡”：一、暂停，换到空挡；二、展现“保有好奇心，不要怒气攻心”的思维，不要预设立场，不要急着反应；三、使用推测式问句，让真正的问题浮上台面，然后找出更有效的解决方法。

要改掉急着反应的旧习惯，培养这种沟通的新习惯，比你想象中还要简单。

想要培养一种新习惯（即使还不确定这样做好不好），有一个好方法：拿一个类似的习惯当例子，想一想这个习惯好在哪里。例如：有人告诉你电话号码时，你想都不想就会做的第一件事是什么？就是重述一次。一听到号码，你就会重述一次对方说出的数字。如此一来，对方可以在你念错时马上纠正，也可能想一想后又给你其他联络方式，让你办起事来更方便。

这样说吧：号码本身虽然没什么特别的意义，但必须再次确认，是因为我们知道一长串数字很容易不小心念错或听错。那么，如果是沟通或平常说话，利用暂停和至少一次的推测式问句来“确认意义”，就变得更重要了。正如之前提过的，不论你喜不喜欢，所有的理解都是心灵滤网过滤后的结果（现今社会尤其明显）。有件事很重要，请你们一定要记得：意义不在别人说的话当中，而是在你如何诠释别人说的话。

保持好奇的态度，就可以避免先入为主。举一个前面提过的例子，相信会让读者更明白。还记得琳达·史东的研究吗？我们收发电子邮件时，因为大脑进入备战状态，所以会选择攻击或逃避。相较之下，当你觉得自己被电子邮件“击中”时，若是懂得暂停、保有好奇心，并利用推测式问句，就会了解其实你可以选择如何回应。

学习克制自动化反应，与培养任何新习惯必须经历的早期阶段一样，要从“事后的察觉”开始。这个阶段不禁让人联想到蔬果饮料V8的电视广告。这个广告里的演员喝了其他可能没那么健康的饮料之后，心里会想着：“其实我应该喝V8才对！”想要培养一种新习惯，要记得一件重要的事情：一开始，我们都会忘了暂停，等到事后才跟自己说：“其实我应该如何如何才对。”所以，下回若是发现自己被快节奏的对话牵着走，很多话不知不觉地脱口而出，这个广告就可以提醒你：其实我应该暂停，然后保持好奇才对。

培养新习惯的三个阶段

我在西屋广播公司担任新闻公关总监时，其中一个研究主题是：如何激励人们倾听与了解，并且重新思考问题与解决方法。九年来，通过各种广播评论、公益服务和善因行销计划，我希望借由这些全国或各州的活动，改变人们复杂的行为习惯。我们一方面教育，一方面鼓励大众和政府官员培养一些过去想象不到的新习惯。这其中包括了“指定驾驶”方案，劝导民众不再酒驾；“为孩子着想”运动，帮助人们重新思考，对于孩子和大众的种种需求，自己究竟背负着什么样的责任；“关心别人，就是现在”运动，说服民众捐赠器官救人一命，以及教导民众预防艾滋病的一些重要方法。一次又一次，我亲眼目睹了许多人如何从“冷漠”变成“察觉”，再由“察觉”化为“行动”的过程。这就是培养新习惯的三个阶段：

冷漠→察觉→行动

上述种种活动的推行与研究，印证了我的看法：想要激励别人改变行为，对于他们过去相信或所做的一切，你不能指责他们，也不能让他们觉得丢脸。你应该指出一条路，让别人可以抛弃成见、走出冷漠，进而察觉新资讯或原本排斥的资讯。然后，再提供几个简单步骤，让他们可以从察觉走向实际行动。只要懂得利用这三个阶段来激发改变，人们得知新选择的同时，因为没有感觉到自己被评断，就容易转变心态；一旦察觉久了多了，在不排斥、不抗拒的心情下，就会为了帮助自己或别人而采取行动。本书提到的许多观念和方法之所以实用，其中一个原因就是这些观念和方法都经过实际印证。抗拒改变是人类的天性之一，这三个阶段的观念和方法，确实可以让抗拒的感觉慢慢消失。

第二部分剩下的两章会告诉我们，心灵换挡杆若是能养成打“好奇挡”的习惯，心态上就比较不会评断别人，也比较不会抗拒改变。这种良好的心态可以帮助你培养创新精神，做出优质决策，也会让你和同事合作得更愉快，和顾客沟通得更顺利。

第七章　你曾掉入迅速作决定的陷阱吗

我们已经知道，情绪会主导行动，让人作出不明智的决定。然而，有一种情况是：情绪虽然没有被“劫持”，大脑却照样快转，然后迅速作出决定。之所以如此，是因为我们一方面依靠经验，一方面被一股“立刻解决问题”的冲动所影响。

《医生，你确定是这样吗？》的作者古柏曼医师在书中提到：人类有一种“发展自我心灵决策地图”的倾向[28]。他说他写这本书的原因是，越来越多的医疗疏失报告让他觉得既不安又好奇。他解释，许多医疗疏失是由“医生怎么想”造成的，技术问题反而还是其次。基于数十年来对认知心理学的研究，古柏曼描绘了医生们据以仓促下决定的三种“心灵习惯”。他说，这种心灵分类系统虽然可以将诊断时间从二十分钟缩短为二十秒，但同时也可能造成认知上的盲点和错误。

例如他讨论到，在仓促下决定的习惯中，有一种叫“下锚”：“借由选择性的接受或忽略，找到自己想要寻找的资讯。这样做可以不用考虑各种其他可能性，即可很快地全力盯住一个目标，以确保下锚之处不会有所偏差。”

我们拿商场上的例子来说明，下锚的习惯会造成什么影响。假设你现在是个成功的冷暖气业者，想说服某个潜在客户，让他换掉家里那套已经用了25年的暖气系统，于是你花了两年时间与客户一起评估最有效率的替代方案。装设暖气系统相当昂贵，因此你正当面和屋主讨论相关细节。房子不大，里头有一间没有暖气的房间，屋主想要一年四季都当成办公室使用。不过，暖气管实在无法拉到这个房间，你之前也跟屋主提过两次。在前几次的实地勘察中，你很快就发现这栋房子和自己以前看过的差不多，都是那种地板建立在“板式地基”上的房子，这次会面也是最后一次勘察，结果屋主又问了你一次：“这个房间真的没办法装暖气吗？”

“等一下。”你在心里自言自语，“前两次勘察怎么都没发现呢？真不敢相信。地板根本没有建立在板式地基上，还是一般地板，只是少了置线空间。把暖气管拉进来当然没问题，简单得很，我为什么没注意到呢？”

你会没注意到，是因为发生了下锚现象，你的思想已经“附着”在你想看到的景象上。

无论是帮忙还是被帮忙的一方，关于这种“视而不见”的盲点，可能你自己也有过类似的经验。想要立刻得到答案，就根据熟悉的线索按图索骥，这并不是医生的专利。当然，有时候就是因为这些决策机制，才能化险为夷或反败为胜，但就像我们经常看到的，这些决策机制也会让人走错路。就像医生一样，原本有可能找到更好的解决方法，却因为仓促作了错误决定而失去机会。前面那个“饭店员工不肯别上胸牌”的故事告诉我们：当你试图解决的问题并不是真正的问题时，仓促作决定可能会产生难以预料的结果。禅宗有句古老格言这么说：“问题很少在一开始发现时就得到解决。”

接下来你会看到：没人有时间可以浪费在解决错误的问题上，为了省时省力，沟通时有必要花点时间说出你认为了解的部分，让别人有机会进一步澄清与确认。这样也可以确保“真正的”问题浮上台面，才不会误以为问题已经解决，然后就拍拍屁股走人。

提供或取得客户服务为何变得那么困难

问题就出在：客户往往先受了一肚子气，才会来找客服人员，因为有些状况跟他们想的不太一样（请记住：大部分怨气都来自于没有表达，或是被人误解的“期待”）。你可以用“迟早会爆发的愤怒”来形容怨气。客服专家卡珊晋发现：“如果你没有受过适当的训练，不懂得如何安抚生气的客户，自己也会跟着生起气来。”[29]

遗憾的是，除非客户懂得暂停、保持好奇，而且不预设任何立场，否则双方很容易你一言我一语越讲越快，没一会儿工夫，两个人都气得吹胡子瞪眼睛。所以，很重要的是：就算公司在业界具有竞争优势，你也要懂得暂停，并且保有真正的好奇心，了解客户究竟发生了什么事。

如果你是那位想要帮助客户解决问题的客服人员，不管客户发生什么状况，应该都不是你的错。不过，如果你能稍微停下来想一想，客户为什么会在心里对自己说："难道你要怪我为什么这么生气吗？"或许就能与客户达成更有效的沟通。还记得图引.1和图2.1里头的反应模式吗？有状况发生时，连锁反应也会跟着发生。所以，客户才会觉得自己有权利生气，觉得尽快解决问题是应该的，不然就要直接找你上面的负责人要一个交代。无论客户是病人、一般纳税人、学生、义工、经理、同事，还是首席执行官之类的，都有可能出现这种连锁反应。

正如社会学家蒂利在其著作《功劳与过错》中提到的：人们习惯在事情出错时找人负责，显然是"万用型正义探测器"（All-Purpose Justice Detector）的一种作用[30]。客户最不想听到的，是"这是您个人的疏失，我们实在无能为力"之类的话（就算真的是这样，客户听在心里也很不是滋味）。遇到这种场合，如果一开始就这么说："发生这种事，您一定觉得很生气，非常抱歉，我来帮您查查到底是哪里出了问题。"相信客户会更容易冷静下来，双方一定也可以找到圆满的解决方法[31]。

下面两个故事会告诉我们：一、如何把一个失望的客户变成忠实的粉丝；二、如何在客户前脚已经踏出门外、后脚却还有所留恋时，设法把客户留下来。

故事一：提供意料之外的惊喜

如何做到沟通时不要先从责怪开始？

客服人员一定都会遇到这种情况：客户认为自己完全没有疏失，结果还是出了大纰漏。这时候，客服人员一定要镇定下来，先搞清楚客户到底是哪里不高兴，然后很快理出头绪，找出真正的问题，再设法提供让客户满意的解决方法。

圣诞节就快到了，没想到居然发生这种事。亚马逊网站的老主顾、《纽约时报》的财经专栏作家诺塞拉，满怀期待地为儿子订购时下最新流行的PS3电玩游戏机，作为圣诞节礼物。结果，东西送到他在纽约的公寓住所时，是由邻居代为签收的，然后快递人员把包裹放在人来人往的走廊上，让诺塞拉自己去拿。你大概已经猜到了，等到诺塞拉要去拿的时候，东西已经不在那里了。难道礼物就这样没了吗？接下来又发生了什么事呢？

诺塞拉打电话给亚马逊的客服人员说明情况，但是，对于亚马逊会不会再补一台给他，他心里并不抱什么希望。结果让他大吃一惊，就像他所说的："客服人员连大气都没喘一下。"没过多久，等客服人员问完一些相关细节后，就表示愿意免费再补一台给他，甚至连运费都不用付！诺塞拉的期待不合情理吗？的确，他自己都承认“相当”不合情理。

那么，亚马逊得到什么呢？就是一个疯狂的忠实粉丝。诺塞拉也很关心亚马逊的股价表现，他认为亚马逊经过早期叱咤风云的年代后，如今也只是众多网络电子商务公司的其中一家，迟早都要面临网络泡沫化的危机，处境可谓相当艰难。

不过，令他惊讶的是，亚马逊的股价较去年同期上涨了140%，表现相当亮眼。他请教了几位财经分析师，虽然他们各有解读，但是他却在《纽约时报》商业版的头版专栏中写下了自己的看法：“我不得不纳闷，真的没什么其他因素扮演关键的推手吗？对于这个重要因素，华尔街好像从来不当一回事。想要让企业永续经营，或许，我是说或许，用心对待客户是值得做的事情。即使短期看来会加重成本，却是经营企业最好的方法。”[32]

故事二：哦，不会吧！怎么又来了——克制冲动，不要只顾着替自己辩解

经济紧缩的时代，要如何留住新客户，让他们觉得你提出的特别优惠非常棒呢？

莎莉在纽约一家经营相当成功的“一起玩音乐”婴幼儿音乐

教育课程中心担任副主任。有一天，电话铃声响起，她面临的就是上述难题。

秋季班开课后一周，我在办公室接到了一位妈妈打来的电话，说她不想让孩子继续上课了，希望能退费给她。我心里第一个反应是：“哦，不会吧，怎么又来了……她大概因为小孩在班上年纪最小，所以不太高兴。不然就是发现朋友们都带小孩去参加别的课程，所以也想加入他们的行列。”

一开始，我“几乎”脱口而出：“开课后就不能再退费了。”

不过，我并没有那么说。我暂停了一下，吸一口气，让自己保持好奇。我问那位妈妈是否对课程不满意，如果不是，那又是为什么。结果她说：“哦，没有不满意啦，只是课程好像帮助不大。”

聊着聊着（她一开始不太愿意多讲），我问她是否熟悉“一起玩音乐”这套课程的内容与运作方式，她才告诉我，她参加过我们在其他城市开设的课程，而且相当喜欢。这让我“更”好奇了。

我问她和小孩一起上课好不好玩，她回答：“好玩呀！”我又问她何时搬来纽约的，她说他们今年夏天才搬来这里。聊开了之后，她提到她和先生都觉得有点意外，怎么这里的课程收费那么高。我跟她说，我刚从中西部搬过来时，也是一样的感觉。

她越说越起劲，说他们夫妇俩还是学生，住在这里才一年。

虽然他们成功申请入住曼哈顿上东城，表面上看起来住得不错，但其实没什么多余的钱。既然我知道问题不是出在课程品质，而是她的预算，就给了她一个负担得起的特别优惠价。她很激动，觉得自己新来到了一座充满温暖的大城市。我也向她保证，不管他们在纽约待多久，这个价格都不会变。最后大家都很开心地挂上电话！

学以致用

客户就要跑了，还要你暂停下来，不要只顾着替自己辩解，这似乎并不容易。莎莉考虑时间、成本和客户需求后，成功与客户达成有效的沟通。据她自己说，上了几堂“暂停的力量”课程后，她抓到了一些技巧，可以有效地化危机为转机。她是如何学以致用的呢？我们来看看她怎么说：

• 不要过早下结论，对于家长为何不想继续参加课程，我根本一开始就想错了。

• 不要急着想解决问题。遇到不高兴的客户，有时候我会很想快快解决问题。虽然我不太想承认，不过，遇到那种整天电话响个不停的时候，就会感觉到那股冲动。

• 用心倾听！除了听得到的，还有更多是听不到的。那位妈妈一开始说课程对他们帮助不大，我万万想不到居然是因为收费太贵了！他们不是签了约而且付了钱吗？所以，我设法去听那些原本听不到的话。暂停，吸口气，然后提出问题，我才有机会发现问题的真相。

第八章　当好奇心成为新的预设值

展现“保有好奇心，不要怒气攻心”的思维，可以提升你的沟通商数，让你发挥暂停的力量来控制自己，找出更好的解决办法，而不再老是被情绪牵着走，或是被“表象”所惑，陷于口舌之争。

下面的个案，除了告诉我们“领导价值观”与“管理风格”之间的差异外，更重要的是让我们看到：当教务长发现自己和学校的强势领导者看法不同时，如何展现高度的好奇心，让自己不要先预设任何立场。最终决定权若是在别人手上，而你又和他意见不同，请务必小心处理自己的情绪，以免到头来赔了夫人又折兵，让你的团队对你失去信任。

我必须站在他的立场想一想

和老板看法不同时，该怎么办？

又到了该编列预算的时候了。在毫无预警的情况下，你和老板都发现，对于如何激励和奖励员工，你们之间的看法相当有分歧。佛罗里达国际大学管理学院院长伊勒姆（Joyce Elam），原本预期旗下考绩最优的员工能够分到应得的奖金，不料却发生上述情况。读者在看这个故事时，不妨试着站在伊勒姆的立场想一想，应该怎么做会比较好。

编列预算的季节来临：又到了一月份，你把新一年的预算交了上去，其中包括一项奖励津贴计划，是五年前核准、针对你旗下考绩最优的推广部与招生部员工设计的。从这项计划看来，依照该部门招收的新生中、留下来继续攻读研究所商业课程的人数与素质，最高可以让部门员工领到相当于一半薪资的奖金。

你的预期：你旗下的员工有一年出乎预期地创了纪录，既然帮学校赚了不少钱，奖励理应反映在薪水上。在研究所招生竞争如此激烈的情况下，你对他们的表现觉得与有荣焉，期待能给予实质的奖励。

计划赶不上变化：两个月后，负责监督学校预算决策的副校长主动联系你，说这项“发财”计划让人觉得不太放心，你听了之后颇为惊讶。他要求你修改计划，降低员工奖金的薪资比例。

替代方案：你终于和老板的首席助理见面，一起讨论可行的替代方案。在助理与律师团的陪同下，你制订出一项新的奖励计划，把奖金的薪资比例上限定在30%。你希望上头能及时作出决定，让这项计划可以赶在新的会计年度开始前（六月底）实施。

你的预期：你提前一个月就把相关资料送到律师团那里，希望计划能及时核准，以便正式把这个好消息告诉你旗下的员工（尽管对他们来说，似乎不是那么公平）。结果一直到七月，你都还没有收到回复，不知道上头是否核准了这项计划。你觉得压力很大，因为你知道旗下员工会认为，他们的津贴比例跟去年一样。不过你心想，既然都已经和老板的首席助理认真讨论过了，就算比预期的时间晚一点点，只要计划能被核准，其他的也就无所谓了。

但是，却发生了毫无预警的情况：你收到一封简短的电子邮件，上面说你的老板——也就是对学校所有预算案拥有最终决定权的人不赞成任何奖励计划，而且是直截了当的“否决”，没有附带任何说明。

你一开始的反应：大吃一惊，觉得整个协商过程都拿出诚意，该考虑的也都考虑到了，结果竟然事与愿违。

如果是以前，你会大发雷霆，然后找到关键证人来支持你，

“证明”这样的决定不公平也不合理。“这样做等于是食言而肥。”你会据理力争，“不是说我们是企业组织吗？现在员工发挥了企业精神却得不到奖励。”或许你会胜出，但是到最后才发现自己赢了面子输了里子。虽然你一战成名，在别人看来却好像你握有什么财政资源，而且拿了不少好处。

今天，你再度选择暂停：你又找老板的首席助理见面，先解释有些话实在不吐不快，于是他答应好好听你把话说完。然后你告诉他，你打算用细节图解的方式，让老板知道他的决定会造成什么严重后果。助理虽然明白你在担心什么，但还是提醒你：“你的担心或许是对的，不过，这种‘半威胁’的方法对老板可能不管用。”于是，你决定试试别的办法。

和老板见面之前：你已经换挡克制了怒火，准备进一步解开心里的疑惑，并了解真相。你利用暂停、问自己问题，设法了解是什么原因让老板作了这个决定。抱着这种心态，见到老板时，你才能心平气和地问他：“关于修订后的计划版本，可否让我了解究竟是哪里让你不放心？”

和老板见面：即使修改了计划，老板还是无法释怀的原因很快就变得显而易见——学校正面临删减预算与裁员的时刻。对于你旗下员工享有如此优惠的奖励计划，他实在觉得不合适。他对你说，他最不希望发生的事，就是看到报纸上刊出这样一则消息：这所大学在解聘教职员工而遭受外界批评时，居然还有人可以拿到相当于30%薪资的奖金。

老板的观点：他告诉你："不只是因为媒体喜欢落井下石、穷追猛打，重点是学校里没有人是这样领薪水的。"他问你，有没有哪一所大学也实施这种奖励计划？你问清楚他的意思后，同意着手进行调查。你问他："可不可以告诉我，你否决我们的计划是不是还有什么其他原因？"

始料未及的真相："没错。"他继续说，"坦白讲，我觉得所有的职员都应该得到公平待遇，这件事情很重要。学校里的其他部门并没有机会像你们这样替学校带来收益，这一点是不公平的。你旗下的员工可以拿到奖金，这件事根本就不对。"

另一个反应——你又吃了一惊！你感觉到一股回应的冲动，心想："这件事要怎么处理比较好？"如果是以前，你会替自己辩解，并且设法说服他相信，要激励和奖励管理学院的员工，推行你的奖励计划才是正确的做法。基于该学院强调的企业理念，你从没想过应该把老板这种偏向传统的看法，视为一种更重要的预算哲学。他的观点出人意料，与你心中的企业蓝图背道而驰。真正的企业精神应该是：只要达成目标，都应该给予特别的奖励。商场上的惯例也是如此。

放眼未来，你发挥了创新精神：在后续的会面中，你承认就你所知，只有自己这所学院准备采行这种奖励津贴计划；不过即便如此，你依然认为这项津贴计划展现了企业精神，本身就是一项创举，你的团队应该得到奖励。

后来发生什么事?

副校长发现，学校制订过一项适用全体员工的与之类似的奖励计划，里头曾考虑到伊勒姆院长一直希望通过的那种奖励津贴，只不过没什么人知道这项计划。由于这项计划并没有明确定下来，员工可以拿到多少薪资比例的奖金，各学院院长便齐聚一堂共同讨论。最后表决结果，该计划可以继续实施，但奖金的薪资比例限制在10%以内。院长的团队虽然失望，但是没有人因为20%的奖金落差而辞职不干。大家都很感谢院长为他们奋力争取的福利，也知道院长代表他们创立了学校第一项奖金计划。

故事并不是到这里就结束了。伊勒姆院长知道，要在大学内推广业务行销，会遇到各种限制，于是首创先例，和一家专门与大学合作的校外厂商进行策略联盟。她雇用这家厂商负责各种新方案的业务行销，其中还包括了线上MBA课程。伊勒姆院长宣扬企业理念不遗余力，也累积了相当丰富的经验。十年后，她觉得该是走出管理学院，把企业精神带向整个大学的时候了。佛罗里达国际大学后来新成立了一个综合学院，其中包含了迅速扩展的"线上大学"，以及其他各种专业进修课程。伊勒姆则被指派担任该学院的院长，负责监督各项相关事宜。

经验的启发

伊勒姆院长与我们分享了上述这段经验所带来的启发。她说："即使到了今天，我都不会把我老板视为当时那种情况下的敌人。多年前，不管那时的老板是谁，我都是这么看的。今天，我会把他视为努力克服一切难关、尽全力做好工作的人。只不过，在一些价值观以及有效管理与激励员工的方法上，我们的基本看法不尽相同。能不能接受这一点，并且在这个前提下，找到最好的办法帮助旗下员工达成目标，选择权操之在我。”

最高决策者认为应该改变规则了，遇到这种时候，你很容易陷入情绪上的输赢之争。其实，你应该把焦点放在：即使不能说服最高决策者完全同意自己的看法，也要设法为团队争取最大的利益。伊勒姆担任院长这十年，就读研究所的人数增加了三倍，相关正面报道也屡屡出现在《美国新闻与世界报道》和《商业周刊》上。她也负责监管一件3200万美元的建案：一栋提供给该学院7500名学生使用、最先进的商业综合大楼。我请伊勒姆回头想想，过去这十年学到了什么，然后把她的心得整理成一份“领导力敏捷度”条列表。下回若是与人发生争执（或是必须选边站），你可以根据下表来提醒自己，如何保有正确的想法和心态。

领导力敏捷度提升沟通商数

· 光是事实不足以让人完全信服。

· 即使有共识，也不代表做法相同，因为价值观可能不同，信念也可能不同。

·对方看似支持你的决定时，所说的话乍听之下容易让人信以为真。记得要确认你已经掌握住对方真正的意思。

·看事情的角度有很多种，试着明白这一点，会比生气还有用“许多”。

·不要意气用事，把别人逼到无路可退。

·懂得纾解情绪、放下情绪，愿意多了解别人的想法与做法，凡事都有可能处理得更加圆满。

第二部分最后一个故事，是体育界值得纪念的一段场景。我们可以看到一个人如何虚心地深刻检讨失败的原因，然后从跌倒的地方爬起来，再次赢得光荣的胜利。

出状况时怎么办——赢家带来的启示

当你“失控”，而且必须从自我批评中“挣脱”出来时，会发生什么事？

有时候，最重要的一种暂停就是：停下来倾听内心的声音。你可以叫它本能、直觉，或是预感。事情太多、压力太大时，确实需要一些时间来厘清思绪。

运动员是那种“有机会让别人欣赏其高度技巧”的人，当他们在粉丝和媒体面前大显神威时，整个技巧展现过程可谓一览无遗。当然，成功或失败也经常悬于一线之间。在这些顶尖的运动员当中，波士顿红袜队那位充满活力的年轻救援投手乔纳森·派柏邦（Jonathan Papelbon）算是个中翘楚。几年前，派柏邦“还没让大家见识过”他可以在比赛出状况时保持镇静。但是在顶尖球队战战兢兢待了三年、球队又赢得梦寐以求的世界大赛冠军之后，他学会如何发挥自我反省的力量，这也是某个晚上因为紧张过度而输球后，他最需要的力量。

这是派柏邦连续第二场输球。他走下投手丘时还是不敢相信，到第九局依然领先的局面，居然会被逆转。我听到新闻播报员说：派柏邦一个人坐在选手休息区的长椅上，双手掩面低头不语，肯定发生了什么事[33]。他就这样在摄影机、粉丝和队友面前呆坐了十分钟。“小派”一向有什么说什么，这回倒是让大家跌破眼镜。

“我只是不想站起来说一些我不该说的话。”派柏邦稍后走到记者麦克风前解释，“我只是想镇定下来，整理一下思绪，想想今晚到底发生了什么事，要怎样调整才能重新出发。”[34]

后来他向体育记者们说明，一个人坐在那里沉思为什么会搞砸时，想通了什么事情。他承认，自己在“完成”投球的动作上应该做些更好的调整，这样一来，球经过本垒板时，如果打击手还是按照近几次的挥棒习惯来出棒，应该就打不到球了。

小派在摄影机和无数粉丝面前暂停，让自己保持冷静，然后在接下来的几天恢复了水准，再度投出每小时153公里的快速球。

无论是出状况时成了公众焦点，还是只需要想清楚哪里出问题，在你重回战场前，都请记得先暂停。内观，然后找回力量，发挥潜能，派柏邦就是这么做的。在这次非常公开的私人暂停之后的几个月，他准备担任2008年美国联盟冠军赛总决赛第三场比赛的救援投手，而这也是他22年职棒生涯中，首次担任季后赛救援投手。这次上场救援，派柏邦完全没有失分。

暂停一下 “小秘诀”与“对呀，可是”

如果说，宝贵的时间与心力是一份礼物，那么“推测式问句”就是一门送礼的艺术。用自己的话说出对方的意思，就是在对方说完后，让他有机会知道你“是否了解”他真正的意思。你的积极态度就是在告诉对方，你很想了解他真正想要表达的，而且没有预设任何立场，这有助于建立彼此间的信任。

“暂停的力量练习五”的使用小秘诀：把“推测式问句”当成风险管理工具

• 推测式问句可以鼓励别人多说一点，或是在可能引起误会的地方说得更精确一点。他可能会这么说：“嗯，没错，还有就是……”

• 推测式问句会让别人有机会告诉你，对他来说，什么比较重要。他可能会回答你："嗯，对，这样讲没错，不过，听你这么一说，我才发现真正重要的其实是……"

• 对于别人说的话，你"不是"想证明自己没听错，而是想确定自己了解他真正的意思。这两件事不能混为一谈。

推测式问句常用的开头：

• "听起来，你的意思是……"

• "如果我没听错，你的意思应该是……"

• "看看我有没有听懂你的意思。你是担心……"

• "先等一下，我想要把你到目前为止所说的意思大概讲一遍……如果哪里说得不对，麻烦立刻指正。"

推测式问句不是：

• 对别人说的话表达自己的意见。

• 给别人建议，或是帮别人想办法。

• 解释你为什么会这么做。

• 一字不漏地复述一遍别人的话。

• 提供疗愈（善于倾听的人，往往会让别人说完后心情就好很多。倾听具有疗效，所以，不要试着分析别人的话）。

关于推测式问句的“对呀，可是”

虽然这项技巧很容易学，看起来不过就是简述别人的语意而已，但其实不只如此。经常练习这项技巧，在表达你理解别人的意思时，就会越来越自然，当别人提出指正或补充新资讯时，你也会越来越懂得如何作出适当的反应。

对呀，可是#1：推测式问句太花时间了。

事实真相：手上的时间要如何投资，永远是一种选择。

• 不一定真的没时间使用推测式问句，而是我们先入为主地认为没必要或不值得花个几分钟，进一步了解别人的行动、言语、表情或语气背后的真正意义。前面先花一点时间，利用推测式问句搞清楚别人的意思，就可以避免后面花“更多”时间厘清误解。

• 推测式问句可以在很短的时间内，建立彼此的信任。为什么呢？因为推测式问句代表的是：为了让双方顺利沟通，一起找出更好的解决办法。你在“确认”自己是否掌握住对方真正意思的同时，也等着对方来指正你。

• 先暂停，然后使用推测式问句，也给了对方更加接纳你的机会（互惠理论的相关研究已多次证明，这种因果关系确实存在）[35]，如果沟通的哪一方感到有压力，或者双方发生争执，如果还是在双方刚建立新关系的情况下，这一点就更加重要了。

• 进入高科技时代，“愿意表示关注”已变得越来越珍贵。别人可能会因为你愿意花时间，确认自己是否了解他的意思，变得更重视你；而你也给予别人机会，进一步厘清事情的轻重缓急，或是透露更多相关讯息。

对呀，可是#2：推测式问句会冒犯别人，听起来好像在曲解别人的话。

事实真相：没错，确实有可能冒犯别人，尤其是带着评断的态度或语气来表达你的理解时，更是如此。

• 如果回应之前只是稍微停下来想一想，通常不会冒犯到别人。这样做等于透露出一种信号：你是真的想要了解对方的观点，而不是想要打压别人、突显自己，也不是想要说服别人，自己没有听错。这样一来，当你使用推测式问句时，出发点就是“为了避免造成误解”。一般说来，误解是绝对有可能的。

• 如果你的理解方式激怒了对方，请不要针对他说过或没说过的话争论不休。一旦厘清了误解，不妨这么说：“谢谢你，很高兴我终于明白你的意思了。”

对呀，可是#3：万一我说错了怎么办？不会看起来很蠢或是让别人觉得很泄气吗？

事实真相：有方法可以处理这种情况，也有机会不让这种情况发生。

• 回想一下之前提过的：进行沟通时，双方所说的话和真正的意思，多达70%会被过滤掉。所以没错，有时候你可能会说错，也确实有可能激怒别人。

• 留意你说话的速度和语气。你不想让自己的话听起来太莽撞，或者听起来像是在使用什么技巧。你真正希望的是：别人能感受到那份愿意理解的诚意。你不怕说错或是被指正，因为正确的理解才是你最关心的事。

对呀，可是#4：难道没有我不该使用推测式问句的时候吗？

事实真相：的确，有些时候不太适合使用推测式问句，尤其是对方需要发泄情绪、刚听到什么坏消息或是觉得被人设计的时候。乖乖当个听众，有时反而是最好的选择。

• 你可以冒昧地这么说：“听起来，我应该乖乖当个听众就好。你现在不想听我的意见……是这样没错吧？”他可能点头，也可能告诉你，希望你怎么帮他。

• 如果还有其他人在场，说出你认为的意思会让对方觉得尴尬，或是给人凸显自己的印象，请不要使用推测式问句，私下再问清楚就可以了。不要忘了，你是为了想要确定了解对方的意思，而不是要让别人难堪。

・永远都不要说："是你自己说……"或是"我明明听到你说……"这样听起来会让人觉得你没有错，错的是别人。用这种方式说话，会给人一种评断、辩解或是"想证明自己没听错"的感觉。即使你把对方的话听得清清楚楚，也试着给别人说明或澄清的机会。

关于保有好奇心的"对呀，可是"

越是保持好奇，越会让人觉得自己的理解不带偏见。但是，要表现好奇的态度时，心里最常见的挣扎就是"自制"与"真诚"。

对呀，可是#1：我不是不想好奇，是真的气炸了！
事实真相："生气"很明显地告诉你，现在需要暂停。

・有时候，当你觉得尴尬、被踩到地雷、被误解、被欺骗或是被公然批评时，只要承认自己一点都不好奇，事后可能会后悔干吗那么生气，就会有足够的动力暂停下来，想一想冲动回应会造成什么后果。然后，你就可以：一、适当排解情绪；二、重新整理思绪；三、想一想有没有什么我以为知道，其实根本不知道的事；四、恢复理性平和；五、不要意气用事，重新看看问题出在哪里。

对呀，可是#2：当我说我很好奇时，我怕别人不相信。

事实真相：如果你不好奇，就不要说：“我很好奇……”

• 说话的口吻或书面文字的陈述方式，都具有引导作用，可以把双方拉到同一个频率。进行口头或文字沟通之前，稍微想想有没有什么线索让你看出，对方有多少意愿进一步讨论（回头看看第六章的“好奇心提示检查表”）。例如你可以说：“我想要多了解你的想法，可以现在多聊一下吗？还是另外找个时间？”

• 即使一句话都不说，思想或肢体语言还是会传达某种让人可以感觉到的能量（相信大家都有过类似的经历）。所以，一定要注意自己在想些什么，这一点非常重要。就算心里的想法没说出来，例如你觉得对方这么想实在愚蠢可笑，或是觉得根本在浪费大家的时间，别人还是会感觉到你的表里不一。

• 最后提醒大家，不是你觉得很好奇时，就一定要说“我很好奇”，有些人会觉得你是包打听、耍优越，或是爱挖苦人。为了避免给人这种感觉，你可以说“我很纳闷”，或者像这样说：“可以多告诉我一点你为什么那样想吗？这样的话，我会更确定自己懂你的意思。”

“彼此合作无间，而非互相牵制”的方法

我们已经知道如何发挥暂停的力量：一、中断自动化反应；二、展现

好奇心；三、找出解决问题更好的方法。

接下来要探讨的是，暂停的力量如何让人作出更好的决定，尤其是偶尔会遇到的某些场合。例如，对象是一群人，或是面对突如其来的变化、不确定因素、千载难逢的机会等。这些时候，很容易让人因为一时冲动而作出反应，却忘了想一想有没有什么自己以为知道，其实根本不知道的事。在进入更进阶的第三部分之前，哈佛大学脑科专家泰勒下面这段话值得大家深思。她因为中风，做了八年复健，对于人类大脑“选择暂停或行动”的能力有深刻的洞见：

> 当你全然专注于现在这一刻、感受当下的一切时，是右脑主导着你的意识。左脑负责的是过去和未来，所有想象出来的恐惧、任何反复思量的想法、一切和此时此刻无关的东西，都由左脑掌管。一旦了解我们拥有这两个不同的脑袋，任何时刻，你都可以学会选择自己想要怎么活着。当然，除了暂停，你也需要行动力的配合，才能相得益彰，活出精彩人生。[36]

The Power of Pause ⑪

第三部

有什么我根本不知道的事：

问题问得好，成功没烦恼

第九章　混乱时代中的成功之道

现代人的生活与工作环境可说是复杂而又瞬息万变。面对难以预料的快速变化，想要在关键时刻发挥领导力、制订有效决策，就必须不断充实新知，提升自己的判断能力。

不久之前，“颠覆”这个词还会让人产生负面联想，但是到了今天，拜高科技革命所赐，这个词已经被赋予全新的正面意义。它指的是：前所未有的全新科技，虽然遭受业界和传统商业模式的质疑，却取得了意料之外的突破性进展。哈佛大学商学院的克莱顿·克里斯坦森（Clayton Christensen）在《创新者的窘境》（*The Innovator's Dilemma*）中提出了“颠覆性科技”这个概念，后来又在《创新者的解答》（*The Innovator's Solution*）中重新定义为“颠覆性创新”。他提醒企业界一件重要的事情：低价正逐渐成为一种趋势，威胁着业界大厂的优势地位；只要懂得利用低价策略，打造符合消费者未来需求的新科技，就有机会脱颖而出。个人电脑、电子书、数码相机、手机、云端运算技术和网际网络等，都是颠覆性科技的例子。这些科技一开始出现在市场上时，都没有人认为它们具有什么颠覆性。

新科技颠覆了“固定地方上班”的概念，也改变了人们的工作心态。领导力的内涵需要改变的其中一个原因，就是领导者有必要面对这种颠覆所带来的效应。长久以来，领导者给人的印象是：胸有定见，懂得运筹帷幄。在今天，领导力则意味着：无论能否立即作出最后决定，都有能力掌控瞬息万变的局面。这同时也意味着：有能力激励组织里的其他人（无论角色或职级），愿意一马当先负起责任。

领导者的工作已经从“拥有知识”变成“创造知识”，并且要不断激发其他人的学习潜力。领导者必须开诚布公地表明态度，愿意在对的问题上公开征求大家的意见，以寻找出答案；要在“固守旧思维”与“跳脱舒适区”之间作选择，就必须面对这样的现实处境。领导者必须具备一种技能：能够向其部属与顾客承认，自己以为知道，其实根本不知道的事情有哪些。而且，态度要真诚，才能激励别人互助合作，一起探索未知的领域。

“认为”自己知道得越多，真正知道的就越少。

一位成功的资深经理坦率地描述，领导者在瞬息万变的时代中所面临的两难：

或许这么说有点自讨没趣，但我倾向于相信，许多经理人自认为他们比实际上更聪明、更有学问，做事也更有效率。造成这种现象有几个因素：可能是好的下属让他们看起来很不错，也可能是他们在专业领域上很精通，又或许是他们的管理方式无法反映出自己到底是好是坏。我确信有一种经理人，浑然不觉公司已经被他们带往危险之境，还自认为是个相当高明的决策者。

不过，真正明智的经理人，会让自己变得更机敏，更快去适应周遭人事物的各种变化。他们知道暂停的重要性，尤其是遇到大事的时候。别人可能会觉得你疯了，才会在事情一团糟时停下来。然而，恰好因为暂停这个动作，才让你有时间整理思绪、消化讯息，然后厘清事情的轻重缓急。最重要的一点是，你必须问问自己：遇到这种情况，可预期的结果有哪些?

今天的经理人有个棘手的任务：必须设法了解事情可预期的结果，找出决策与可能结果之间的因果关系，尤其是过去处理事情那一套不太管用的时候。单单找出事件所有的变数是不够的，还必须了解哪些人、事、物被哪一项变数所影响或决定。只要你有足够的自制力按下暂停键，就可以避开混乱的局面，让事情变得更有效率。下面是一个简化的例子：

主管：公司要大幅删减预算，原本由内部人员负责的网站维护工作，请你用一半的成本外包出去。

经理：没问题，交给我处理。稍后再向您报告，这样做会对客户造成什么影响。

经过沙盘推演，经理没多久便掌握了整体情况，让老板清楚地看出这项决定会产生什么后续效应。他解释：

• 网站内容将无法再立即更新，上面有老板每晚都需要参考的内容。

• 变更内容将依成本和困难度而定，可能要花上几天，而不是几小时。

• 删减后的预算只够支付维护费用，无法再负担网站设计升级所需的费用。对客户而言，公司网站可能就变得没那么实用了。

如果经理没找出这种网站外包的情况会产生哪些“可预期的结果”，这样的决策就可能产生反效果，反而给老板、公司和客户造成困扰。他也必须有勇气向老板说明结果，而不是直接假设自己别无选择。结果老板作了一项更周延的决定：不仅调整了自己的期待，也以员工福利为优先考虑。

研究指出：人类在面对种种变化与不确定因素时，处理能力会受到生理面、心理面、技术面和社交面的影响。下面就要来探讨这些相关研究，同时也要告诉大家，无论遇到什么情况，都可以运用暂停的力量达成目标。

知识与不确定性的吊诡

知识和其他所有资源不同，它具有“不断地让自己过时”的特性。结果便是：今天的新知乃是明天的无知。

——彼得·杜拉克[37]

制订决策

根据加文教授的说法，如果领导者能容忍不确定性，懂得找出重要的差异点，不要过于以自我为中心，而且能够不预设立场，愿意“找出事情背后的原因”，就能制订出更好的决策。他也力劝决策者要积极倾听，别人才会觉得你理解他们的意思，也会愿意支持你的决定，而不会在背后捅你一刀。凡事要求“确定”和“强而有力的证明”，不但会妨碍你作出适当选择，也容易让人误判形势[38]。

加文的研究和我客户的实际经历相吻合。有位首席执行官亲口承认，他花费了不少时间，决定撤换公司某个颇具影响力的主管，没想到这件事让底下的经理们非常泄气，有三个人跑来见他。首席执行官知道，大家在这件事情上暂时没有共识，就告诉经理们，自己很好奇他们在担心什么，而且不断地用推测式问句厘清可能的误解。“花点时间用这种方式倾听，可以让属下知道他们的意见很重要，而我也学到了宝贵的一课，关键在于，他们不了解我是怎么下决定的。现在他们已经知道，我的决定没有像他们所想的那么快，并不是因为我没有能力作决定，而是要多花点时间了解所有发生的事，再替公司作出最好的决定。我也和他们分享了作关键决定非常困难的原因。这件事让我学到，我不能假设别人都一定会理解我的想法，也不一定能了解我说的话。”

许多领导者都会在自己的网站、博客、影片和各种线上社交工具中张贴个人即时信息。正如这些信息所显示的：越来越多的决策者认为，为了建立彼此的信任感，有必要让别人更加了解自己是怎么想的。

> 活用暂停的力量：使用推测式问句，让别人知道你不但听到他们说了什么，你还会更了解他们真正的意思是什么。

全新的思考方式

企业想要在未来崭露头角，必须发展出一种弹性文化：一方面鼓励大家独立思考，一方面设法让抱持不同观点的人彼此合作、相互支持。《独创性鸿沟》（*The Ingenuity Gap*）的作者荷托马斯·荷马·迪克森（Thomas Homer-Dixon）便抱持这样的看法，他认为大多数人都还没充分准备好适应这个瞬息万变的世界。那么，要如何对症下药呢？他力劝我们“养成一种未来心，不要执着于现状，对于周遭人事物的变化无常、大起大落，甚至面临穷途末路，都要处之泰然……而且，必须随时考虑到未来各式各样的可能性”[39]。

客户和读者经常听到我这么说：“我不是要设法让你对变化觉得安心，而是要设法帮你对心里的不安感到安心。”这也是我对荷马·迪克森的建议心有戚戚焉的原因。举个例子来说：有个客户离开原本大学教务长的职位，被聘担任一所又大又乱的州立大学的校长。这份新工作一点也不简单，必须和该州的州议员密切合作。但是，他一开始并不晓得，只是觉得自己有政治学者的专业背景，又在一所快速扩展的大型都市大学里担任过重要职务，就觉得已经准备好可以涉足政治了。过了大约一年，他决定发挥好奇心，看看有没有什么不同的做法。

他请我去拜访一些消息灵通的立法界有力人士，看看能否得知，怎么做才会让事情更顺利。他希望我用管理顾问和“客观观察者”的身份跟他们打交道，并且向他们保证，他们的真心话一定可以传到他的耳朵。他为了变得更好而愿意私下（而且谦恭）求教的心意，让他们觉得既惊讶又印象深刻。结果，他成功改变了大家的合作模式，最后达成不少原本自认为不可能达成的重要目标。

活用暂停的力量：保持好奇、态度谦虚，就能建立信任关系。这让你在领导、应变以及激发团队大胆创意等各个方面，都能更加顺利。

持续性分心

现代科技一日千里，随时随地都能上网，影响所及，无论对人对事，我们都已经无法保持完全的专注了。关于这种“持续性分心”对人事物的冲击，加州大学记忆与老化研究中心的多位主任，曾经在《美国科学心智》中提出深刻的观点：“他们不再有时间反省、沉思，或是作出周延的决定，反而处于一种持续绷紧神经的状态：随时保持警觉，不漏掉任何一个新讯息，也不放过任何令人兴奋的消息或资讯。人们一旦习惯处于这种状态，就会乐此不疲，很在意是否可以随时连线。”[40]一边是“资讯可以即时更新”的好处，一边是“专注”与“重视”的需求，两者要如何取得平衡呢？很多企业都在努力寻找方法，举其中一个例子：鉴于销售会议已成为专注的试练场，一名资深主管很冷静地想出一个方法。他决定开会前先要大家交出各自的“通信设备”，开完会再还给他们。结果不但业绩成长了，团队也运作得更顺畅，连客户服务的品质也跟着提高，因为大家不想让其他团队的人，趁他们缺席时抓住客户的心。

活用暂停的力量：暂时抽一点时间把自己从资讯的洪流中抽离出来，就有机会发挥专注力，把事情处理得更圆满。

我们对别人的影响

神经科学家让我们更加了解，情绪的生理变化如何影响大脑的反应。意大利科学家最近发现一种“镜像神经元”现象，它会让我们更容易对别人的行动产生共鸣。举例来说，当你感觉到自己和另一个人处于相同“频率”时，就是一种镜像神经元现象。有些神经科学家宣称，情绪的各种镜像系统已获确认，并主张这些系统的作用，可能就是同理心的基础。同理心是一种察觉并解读他人情绪的能力。经过专家学者的验证：企业领导人能否作出明智决定，其中一项最重要的能力，就是同理心。

其他研究也指出，开会时若是有人提出建设性观点，那种正面情绪很容易渲染开来。如果你想让彼此的合作更加紧密，这项研究无疑提供了一盏明灯。例如，根据资料显示，相较于一般领导者，深谙领导之道的领导者更懂得塑造充满笑声的工作环境，能让团队成员偶尔一起放松一下[41]。

活用暂停的力量：暂停，看看周遭发生了什么事，然后设法调整状态，让自己融入其中，即可促进彼此间的合作。

接下来的故事会让你看到幽默感的可贵，尤其是团队或同事面临庞大的工作压力、在事情的轻重缓急间疲于奔命、需要你帮他们一把的时候。多年来，我一直在教导人们一件重要的事：发现自己的一些习惯造成别人的困扰时，要懂得自我解嘲，然后和大家笑在一起（不是取笑别人）。相关研究也显示，少许的轻浮会降低自我的防卫心。无论什么情况，只要能找到幽默点，就不太会因为采取防卫态度，变得不易亲近或是较为固执，也不太会把事情看得太严重。打开心房，凡事就能事半功倍。

暂停的力量练习七
要懂得问：手头上的工作还应付得来吗？

无论是面对竞争、时间压力、回应新科技的出现，还是应对预算删减等，你和团队成员要奔波的事情实在太多。帕迪亚（Ramon Padilla）是资讯科技资源中心的主管，当他和同事竭尽所能地处理工作上越来越“不可能”完成的任务和解雇事件时，遇到的就是这种情况。

帕迪亚的上司马克·罗森伯格（Mark Rosenberg）校长，请我替一个政府机构（负责管理11所州立大学，约30万名学生和7.6万名教职员工）开发一项“彼此合作无间，而非互相牵制”计划。结果，后续发生了明显的员工离职效应，让资源中心的主管们开始担心，到底该把什么摆在第一位。于是，我和他们分享了一个小故事，是关于自己早期管理生涯中领悟出的管理之道。

我在波士顿西屋广播电台担任经理时，底下的成员都只有二十多岁。后来我被提拔，自己成立了一个专属的八人团队，但是，一切仅止于实习性质，还没有机会进入管理的第一线。有一天，在每周员工会议结束后，我那位宣传能力一流的资深工作伙伴看起来疲惫不堪、心事重重。我私下问她有没有什么帮得上忙的地方，由于一直以完成工作为荣，她并不想表现出抱怨的样子，所以犹豫了一下，接着脱口而出：“我的问题就是，你一直把工作丢给我，让我怎么做都做不完。”

我告诉她，可以一起讨论哪些事情比较重要。她说：“问题就在这里。你交代我们的事，看起来都很重要，然后呢，对公司内部客户来说，每件事也都很重要。”

没错，她当然会认为每件事都很重要，因为她无法得知，周一较重要的事情，可能因为公司针对下周会发生的事作了一项决定，所以变成在周三之前就没那么重要了。我也因为她未曾向我抱怨过，所以从来没想到她的工作量早已不堪重负。为了不让事情变复杂，我有了每周快速进行“工作量检查”的想法，让大家一起根据目前的情况，看看是否需要新增或删除哪些计划，或是更改完成期限，等等。不过，我的目的并不是要亲自调整事情的轻重缓急，而是希望她能培养一种能力，可以应对最新的情况，自行判断事情的重要性并妥善处理。

在今天，我看到企业面临一项严峻的挑战：很少有人觉得自己可以选择，或是有权整理出事情的优先顺序，以便重新分配工作；或者是因时制宜，暂时把某些事情搁在一边。他们不希望自己显得无能或是不耐烦，就算私下发发牢骚，工作时搞些一个鼻孔出气的小团体，也不愿向老板抱怨，于是只好继续让自己被工作压得喘不过气来。这种工作超载的状况不可能撑太久，结果就是事情没做好，或是做得不够好。正是因为如此，我才会不断鼓励客户，必须例行性地与员工一起讨论，看看哪里需要调整或删减，而这也是帕迪亚在“彼此合作无间，而非互相牵制”计划实施后不久所做的事。

如何理出事情的优先顺序?

避免员工产生职业倦怠，并且交出亮眼的成绩单

两年前，帕迪亚曾经被提拔担任资讯资源管理学校的助理副校长。对于“要懂得问：手头上的工作还应付得来吗”，他分享了自己如何调整与实践的心路历程。

你担任经理时的那段小故事，让我明白了一件事：我一直假设，自己的开明管理已塑造了一个安全环境，让员工可以找我讨论工作上的各种状况。我也假设，如果没有人抱怨，就可以多给他们一点工作。你让我茅塞顿开，原来大多数员工不会自动站出来说，老板，这样“太过分了”。我开始定期和员工进行“工作量检查”，确保他们没有产生职业倦怠。

每当我问员工：“手头上的工作还应付得来吗？”他们会因为我表现出的开明态度，乐意与我讨论工作情况，沟通效果可以说是出奇的好。员工会把头探进门说：“老板，我的工作已经满挡了，想要多塞点别的，除非你找人帮忙处理一下这些夯不啷当的事情。”这样一来，我们就很容易进行简短的沟通，看看哪里可以调整，或是把一些工作让给别人接手。“工作量检查”已经变成我们的日常用语了。不过，就在我写这些东西的时候，我知道我的工作量已经快要爆了。我要他们找我一起做的工作量检查，也没有如期进行。

身为缩编中的资讯科技部门主管，帕迪亚发现，“工作量检查”能让员工保有幽默感。大家都知道，每周员工会议的开场白就是下面这几个问题：

1.手头上的工作还应付得来吗？

2.说明一下：现在进度如何？

3.无法完成的原因是什么？

团队成员赞成用餐盘作为比喻来提问，这样不但听起来比较有趣，也容易凸显重点，让沟通变得更顺利。发生什么状况，你要把这个东西从盘子里拿掉？味道很差吗？需要换个餐具吗？帕迪亚解释：

> 可能会有人这样对我说："这种东西若要叫我再吃一次，我一定会吐出来。"我会回答："这样啊，那我要怎么做才能让它变得好吃一点？"然后，他们可能一下子就丢回来一个问题，例如："你可以要各大学（我们的客户）用这种格式把资料传过来吗？这样事情会变得好办许多。"突然间，我想到一个可以帮团队成员完成工作的好点子，就是设法让他们相信自己的判断，他们就会更有信心自己处理好手上的事情。

帕迪亚开完员工会议后，团队成员更懂得如何安排自己的工作，也会互相帮忙，不再那么常来请示他。一加一大于二，这种方法让整个团队变得更有效率。帕迪亚指出，"工作量检查"还有其他意想不到的好处。"因为我们的弹性较大，一旦发生什么毫无预警的变化，也可以从容应对，所以让整个团队变得更加合作无间，办起事来自然事半功倍。最近正在删减预算，即使‘发现他们事情办得很漂亮’，我应该也发不出什么红利，或是每人给张一百块礼券之类的东西。我能给的，就是员工会很想在里面工作的环境。虽然不是什么实质奖励，但是，能让员工乐在工作，应该也是一种不错的精神奖励。”

第十章　虚心反省，迈向成功

听到“虚心”这两个字，很多人会觉得只是“好，我要表现出谦虚的态度；别人表现好的时候，也要懂得称赞”之类的意思。不过，除了谦虚，虚心还有更多含义。柯林斯在《从优秀到卓越》中提到他所谓“第五级”的管理能力。根据他的研究，这种能力的特点是：位于金字塔顶端的领导者，所带领的企业都能永续经营下去。他们巧妙地融合了看似互相矛盾的虚心态度与专业意志，打造永续经营的企业王国……并非第五级领导者缺乏自我或野心，他们的野心可大了，只不过这种野心主要表现在企业上，而非为了一己之私。[42]

暂停的力量练习八
有没有什么我以为知道，其实根本不知道的事？

“虚心”这个概念不只包含谦虚、分享荣耀或是培养接班人之类的意思，它还有另外一个面向：承认有些事情自己“以为知道，其实根本不知道”的时候，会产生力量。明白这个道理，正是我们需要的全新成功模式。今天流行的东西，到了明天就会变得过时。这种现实处境更凸显了一件重要的事情：我们要能虚心地自问，有没有什么我以为知道，其实根本不知道的事？而且，我们要将这样的态度视为21世纪的领导力标杆。

经验已不足以作为决策基础。到目前为止，我们已讨论过暂停会带来什么样的力量：好比车子的离合器，暂停可以让你在周遭发生状况时，暂时停下脚步来思考对策。正如图引.1和2.1所示，暂停是一种重要的干预，是一种中断习惯性反应的方法。

暂停只是第一步，如果再往前几步，从怒气攻心变成保有好奇心，或是从急着行动变成克制冲动，你就来到了“暂停2.0”的起跑点。这里除了“设法更周延地解决问题”，你回应问题的态度也得到了转型的机会，因为你比“情境”和“问题”导向更进一步，开始问自己一个问题：既然我已经明白“自己以为知道，其实根本不知道的事情”有哪些，那么从现在开始，我的做法可以如何调整（参见图10.1）？

虚心有观照的效用，它会让你看到全新的自我，以及过去许多看不到的东西。现实并未改变，但你看待现实及自我的方式已经改变，这正是

“暂停2.0”来临的觉醒时刻。就像你在第八章看到的，当伊勒姆院长不被眼前的事实局限而选择更进一步时，她正经历了上述的心路历程。老板决定撤销推广部员工应得的奖金，虽然让伊勒姆觉得被人在背后捅了一刀，但她跳脱眼前的事实，把重点转到另一个问题。她自问：好，老板在解雇教职员的同时，又发奖金给我的员工，会是一种什么样的光景？

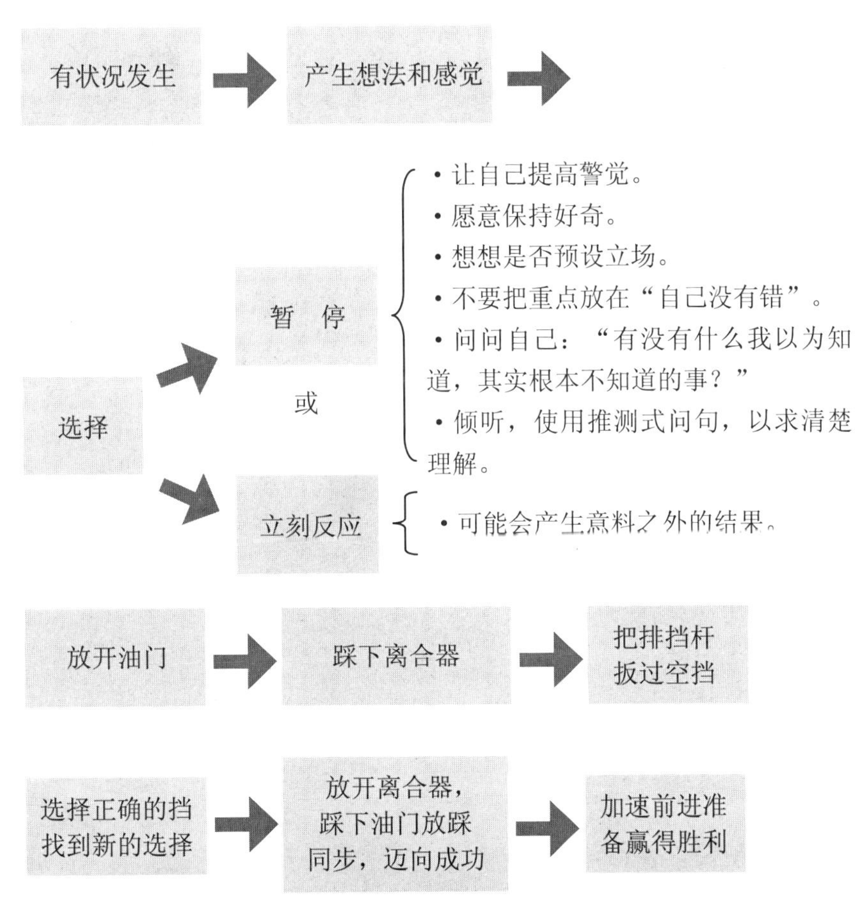

图10.1　暂停2.0：放踩同步，迈向成功

伊勒姆能发现问题的核心，是因为她明白了一件事：她以前都把老板（不管是谁）视为敌人，现在则是把老板当成“努力克服一切难关、尽全力做好工作的人”。对今天的伊勒姆来说，与其号召一群人支持她的立场，倒不如设法了解别人如何看事情。这样一来，她就站在一个更有力量的位置上，让自己真正落实“优势领导”。

有时候，最有力量的决定就是：接受另一种自己不了解的自我。

接下来的故事告诉我们，只要能做到下面几件事，“虚心”就会发挥作用，让情势转而对你有利：

1. 无论你的看法有多强的说服力，都先摆在一边。
2. 承认自己不会知道所有可能的解决方法。
3. 愿意接受别人的建议，主动找出新的解决方法。
4. 展现改变的决心。

不要忘了效能方程式：先暂停，然后保有好奇心，接着提醒自己保持虚心，最后就会带来前所未有的全新视野：

暂停（镇定）+好奇心+虚心=

专家级的效能与个人价值的实现

当快速成长造成瓶颈时

快速成长与企业合并的结果，虽然可能创造更多利益，却也可能让公司处境变得很难堪。尤其是你发现自己正面临前所未有或意料之外的情况时，整合企业体系，又和新的策略伙伴合作，可能意味着你的团队跟不上变化的速度，无论是来自客户或老板的需求，还是你自己的先见之明。面对整合之后所产生的各种新制度或新技术，上头（或你自己）或许会提供训练，教大家如何应对。不过，一般说来，很少会有这种训练，甚至高层也不太在意，是否要授权经理人及其团队成员，制订他们从未制订过的决策。

一件大型合并案发生一年后，在原本可能演变成两名资深主管海华斯和卡伦争论不休的会议中，他们发现底下员工彼此的仇视只是冰山一角。真正严重的问题不止于此，下面的案例就是接下来发生的故事。认清各自的思考盲点，不仅让两位主管吃了一惊，同时也让他们了解到：抛开先入为主，才能真正倾听，而且，要懂得给新一代决策者更多的授权空间。

为何没有早点知道如何弄清问题真相?

如果出现某些人、事、物阻碍你看清真正的问题，更阻碍了你发现出乎意料的解决方法时，要如何排除这些障碍因素呢?

想一想，上回你终于弄清问题的真相，然后发现自己纳闷着，怎么那么久才看到原本一直看不到的点，那是什么时候了。

这正是海华斯和卡伦以及资深主管群与员工共同面对的问题。他们两人分别是营运相当成功的直布罗陀民营银行暨信托公司的首席执行官与营运总监。直布罗陀是我的客户，它在18个月内，从4个分行扩展到7个分行，员工总数由大约100人增加到240人。在过去，员工有什么抱怨都是家常便饭，没什么搞不定的事。但是，在合并后，无论是抱怨的次数还是抱怨的点，都比过去多很多。与此同时，公司利润也因为这一行的毛利缩水而跟着下滑。有一天，我问一位资深主管："照你看，眼前最主要的问题是什么？我们要从哪里着手？"他马上回答我："就是授权和决策方面遇到太多瓶颈了！"

海华斯和卡伦承认，他们自己也很困惑，为什么这些问题一直悬而未决。于是，他们接受了我的建议，破天荒地安排一个"瓶颈会议"。消息一出，就有员工发表意见："一定又是销售和营运对杠那一套。"另外还有人断言："每个人进会议室想的都是谁赢谁输啦！"然而事实上，大家离开会议室之后，都变得不再互相指责，许多问题也在几天或几周内得到解决，而不是拖上一年半载还悬在那边。

两年后，海华斯和卡伦回头整理心得，针对快速成长的公司如何运作，以及员工需要他们怎么做才能恪尽职守，提出了他们的洞见。我用步骤的方式将这些重点罗列如下，读者可以根据自身状况拿捏应用的分寸。步骤一至九是由营运总监卡伦分享的，步骤十则是首席执行官兼创办人海华斯的故事。

步骤一：投资强制性暂停

在我们这一行，除了在年度会议上召集大家一起讨论公司的相关策略，通常很少有机会把全公司的主管和高级助理一起叫到同一间会议室，因为各部门负责什么工作、该处理什么问题，一般都是由各部门自行解决。“瓶颈会议”等于是一种强制性的暂停，让我们可以回头想想，一直没有发现的问题到底有哪些。

步骤二：准备瓶颈会议

我们通知各部门管理阶层及主要资深主管，先带着各自的团队来一次开诚布公的会面，让大家用具体直接的方式写下各自的问题。这件事最有创意的地方，就在于问题的表达方法：提供一种既公平又省时的模式，让大家把心里在意的事情或各种想法，变成一份具体详细的列表。使用这种直截了当的表达模式之后，我们确实在解决问题时变得更有效率：“对于这个问题的解决方式，我要抱怨，我有要求，我有一些想法。”

这种巧妙的“抱怨—要求—想法”模式非常有意义，因为它让大家畅所欲言，说出各自的不满，所以不会看起来像个“爱发牢骚的人”。

步骤三：展露全新心态

有争议的地方是：在其他部门面前，加上还有首席执行官在场，大家还能随心所欲地“抱怨”吗？正如卡伦所坦言：

> 过去我们会觉得问题不会变得那么严重，是因为我们没有听到客户有什么抱怨，所以认为一切应该都只是员工之间的钩心斗角，不管什么问题终究会烟消云散。你帮我们认清了一件事：员工发牢骚，听一听就算了，但如果是大家普遍的抱怨心声，就要听进去才行。

步骤四：以身作则，使用推测式问句

会议开始后，我要海华斯和卡伦就他们听到与理解的，每隔一段时间就用自己的话说出大家的问题。就像卡伦自己承认的：

> 有好几次，我们都必须来回确认，才能清楚大家真正的意思，而且，不单是眼前的问题，更重要的是那些尚未浮上台面的问题。你说服我们使用这个方法，虽然一开始觉得不

太自然，但确实可以让我们卸下心防，不再采取防卫态度。若是以前，我们大概会找类似下面这些借口："嗯，这一行都是这样。"或是："这是规定，抱歉，我们无能为力。"

步骤五：设定期望值

尽管一开始让人觉得有点尴尬，但大家很快就进入状况，开始把焦点摆在各种弊端上。我们请大家针对公司政策、部门业务管理范围和权限问题提出质疑。我们设定的期望值是：先把重点放在可以很快解决的问题上。我们并未过度承诺，也承认的确有些更重要的问题需要更多时间才能解决。

步骤六：用"有没有什么我以为知道，其实根本不知道的事"来厘清真相

我们得到一份价值连城的清单，里头大约包含三十个不单单是个人抱怨的问题。我们发现全新的资讯，找到了以前不可能找到的解决方法。下面是一个我们能够快速解决的程序问题实例，它意味着，一种新的思考方式与问题解决模式正在浮现。

有些长期客户若是想要再多开一个账户（例如已有活期存款账户，又想再开一个存折账户），就需要提供现行驾驶执照（未过期）作为证明。不过，即使他们提供的是几年前的有效执照，在某些情况下，该执照也可能在资料

库里显示为已经过期。由于客户经常旅游或是过于忙碌，无法提供给我们最新的执照，所以我们的营业员送出新开户表格时，有效执照证明那一栏就会空下来。而负责核准这些申请案件的部门，只要收到执照资料栏空白的表格，就会拒绝核准，然后退件。营业员既要服务客户，又要与同行竞争，原本压力就已经很大了，一旦知道被退件的消息，就更加火冒三丈。

稽核部经理对我们说："你们知道吗？根据9月11号以后生效的《银行保密法》，开户必须附上有效的执照作为证明，以确保银行资金不会和洗钱沾上边。别怪我，法律就是这么规定的。"尽管如此，营业员和客户还是觉得这项规定没什么道理。

在"瓶颈会议"上，首席执行官暂停并保持好奇。他听到营业员提过执照的问题，却从未听哪个客户提过。这个问题没有受到重视，是因为就目前所知，我们并未因此流失任何客户。不过，这场会议让我们明白：各部门文件往返，不知浪费了多少时间；而互相指责谁对谁错，只会让客户的要求无法尽快满足而已。

海华斯详细问了一下，想知道有没有人打过电话给相关单位，询问规定是否有例外情况，以及我们是否确实了解规定。突然间，我发现他是对的。以前我们只是一家小银行，很多事情需要分工合作，既没有仓储也没有什么专家，我应该拿起电话打给相关单位谈一谈才对。开完“瓶颈会议”隔天，我也确实这么做了。现在我知道，只要开立原始账户的同时，资料库里已经有现行执照的证明，就可以替原客户开立新账户。

大家会浪费时间争论好几个月，是因为没有自觉地意识到：对于自己来说想当然的事情，别人可能根本就一无所知！

步骤七：重新思考如何完成工作

在过去，我把我们自己视为几个不同的专业团队。开完“瓶颈会议”之后，我改变了协调各部门工作的方式，开始从更大的格局着手，包括财务、销售、存款、稽核与资讯科技在内的一切。我明白了一件事：越是把自己或别人看成专家，就越有可能陷入思考的盲点。

步骤八：突破决策瓶颈

贷款核准的门槛过高，对资深营业员来说，是另一个让人觉得泄气的地方。大约十二年前，我们以创业姿态成立了银行，深知一旦完成电汇，或是贷款核准后拨款，就表示钱不在银行里了，所以这类决定最好都是正确的。现在是高科技时代，客户都希望事情越快处理完越好。为了不受竞争对手快速应变能力的威胁，我们面对客户的压力也是与日俱增。

尽管我们并不认为，核准贷款的权限实际上已经流失了一名现有客户，但在“瓶颈会议”上，首席执行官却听出了不同的问题。他可以想见一名资深行员如何在办公室外头与客户碰面，然后为了5万美元以上的贷款，还要浪费时间查询首席执行官或主要贷款负责人的行踪。突然间，有件事情变得很明显：如果我们的行员可以因为被信任而有所成长，进而帮我们扩展银行规模，那就是提高他们的权限，从而进入突破决策瓶颈的时候了。于是，我们让资深行员接受适当的信贷训练，再经过董事会的核准，很快就提高了他们的权限，仅在关键时刻提供我们的建议。

步骤九：决定时间的投资报酬率

除了处理事情的流程越来越有效率之外，对我们来说更重要的是：开完“瓶颈会议”之后，一线行员主动给予我们正面回馈。他们说，虽然他们在其他大公司上过班，却从未像这样被要求向老板直接建言，而且是在其他团队成员面前。然后，老板还把意见传达给首席执行官和董事会，让他们的建议那么快就得到回应。

步骤十：解决与高层的沟通瓶颈

首席执行官兼创办人海华斯发现，保有好奇心真的很重要：

“瓶颈会议”这种破天荒的做法，激起了我的好奇心，让我开始想要了解大家为什么会有这种感觉，又为什么会这样做。现在，不管在私下或公开场合，我都会用“我很好奇……”作为开场白，然后专注在自己想要了解的事情上，克制开口的冲动，聆听就好。这种开诚布公的做法，不仅让我更加了解员工怎么想，以及想法背后的原因。同时也让员工知道，我是真的想要了解问题出在哪里，以及他们到底怎么想。然后，我也趁机提出一些合作建议，让大家懂得和公司其他部门的同事展开良性对话，激励他们在一些小事情上设法自行解决，不一定要请示上级。

我问海华斯，整体听起来，他选择倾听的目的在于，了解员工关心什么事，而不是试图说服他们同意自己的观点？

海华斯回答：

的确，我只是听，没有想要说服他们的意思，因为很多事情永远会有“自己以为知道，其实根本不知道”的时候。外面的情况可谓瞬息万变，我们不可能时时掌握第一手消息。然而，站在第一线服务客户的却是他们，对于许多问题的真知灼见，不见得是公司管理阶层能想到的。

暂停的力量带来一个结果：无论直布罗陀的员工在工作上扮演什么角色，大家都被视为“财富与福祉的资源”：以最贴心又能替公司创造收益的方式，服务分秒必争的客户。

学以致用

• 如何有效处理瓶颈？例如，直布罗陀指派某个幕僚，针对一些问题进行确认、追踪与疑难排解，尤其是当某部门认为问题是由其他部门引起的时候。此外，公司也提高主管的决策权限，并且训练他们如何进行高阶风险分析。

• 要安排一场“瓶颈会议”，必须准备些什么？可以先与各部门开个会，不管有什么抱怨、要求或是可能的解决方法，都让大家直接提出来。

• 解决问题时，要如何满足大家的期待呢？又要如何决定优先顺序呢？可以用讨论的方式订出决定标准，但是要务实一点，不要过度承诺。

我们是团队的一分子，还是一群精英的组合

为一些组织服务时，我发现许多以前被称为“部门”或“科”“处”之类的单位，现在都被称为“团队”。问题是，这些所谓的团队，运作起来大多不像真的团队，而是一群精英集合起来，一起在同一个组织里工作

而已。主管称他们为团队，敦促他们要“变成”团队，然后让他们接受团队合作训练和实务演练，希望每个人除了扮演好各自的角色，还能和其他成员合作无间。不过，基于各种常识性的理由，员工觉得自己并非真是团队的一分子，这种情况其实不少见。常见的情况反而是：

• 主管会召开所谓的“团队会议”。虽然团队成员都不会有什么变动，但言不由衷的人倒不在少数。因为大家觉得，发表自己的看法似乎不太安全，或是不觉得自己的意见会受到重视，也不觉得别人会理解或感激。

• 每天的工作既耗神又紧张，时间更是紧凑，不但要顾及效率，速度也不能太慢，在这种贫瘠的土壤上，希望“团队精神”发芽并茁壮成长实在很不容易。

• 如何达成有效的沟通？出了问题要如何解决？团队要怎么合作？工作量要如何分配？意见如何反映给老板？在大家心中，这些事情的衡量标准并没有明显的共识。

今天的工作环境充满了变动与不确定因素。虚拟世界大行其道，行动办公室随处可见，现代人对工作缺乏忠诚度，职场的多功能倾向也变本加厉。这一切都很难让人真正感受到团队合作的气氛，无法随时保有团队合作的意识。对现代人而言，团队的建立与运作如此艰难，也让帕特里克·兰西奥尼的《克服团队协作的五大障碍》成为许多经理人的实用妙方。这本书让人了解到，不愿在彼此面前表现脆弱与真诚的一面，为什么会造成大家无法互相信任，进一步陷入争夺地盘与沟通不良的窘境。

暂停的力量提供了建立信任关系的方法。当你做到下列几件事，就可以把事情处理得更圆满：

1.暂停然后克制冲动，不要采取防卫或攻击性的反应。

例如，采取“强制性暂停”来积极回应员工的抱怨或要求，会表现出领导者愿意改变的开放式态度。主管可以和员工合作，共同发展创意并解决问题，不要让员工因为彼此的钩心斗角而降低合作意愿。

2.采取“保有好奇心，不要怒气攻心”的心态，并且“暂且先相信别人”，尤其是你（或你的部属／团队）想要自我防卫的时候。

举例来说，某公司的所有其他部门都对电脑工程部抱怨连连，因为新短信用起来跟大家想的不一样。但是，电脑工程部坚持说短信完全没有问题。如此一来，事情便陷入了僵局。其实这正是电脑工程部应该换挡的时候。后来，他们保持好奇，同意观察大家在各部门工作站使用短信的情况，而不是短信在机房运作的情况。他们也运用推测式问句确认抱怨点在哪里，最后发现大家说得没错：有必要针对各部门的需求改写短信，以符合大家先前“没有表达的期待”。

结果，一个全新的多功能型问题解决团队诞生了。（在双方沟通从陷入僵局到打破僵局之前，电脑工程部一直怒气冲冲地对其他部门说：“只要多练习新短信就好了，它应该做到的都做到了，一切正常。”）

3.主动使用推测式问句，或是要求推测式问句。

团队彼此之间或团队与外面的策略伙伴发生问题时，我的多位客户都习惯使用这两种技巧。这种方法是要我们花点时间站在对方的立场，快速了解对方真正的意思，而不是争论谁对谁错。

暂停的力量练习九
事先意识到可能被误解：要求别人使用推测式问句

虚心可以用另一种方式，帮助你作出更有效率的选择。有一种既省时又能建立关系的选择就是："事先"意识到可能被误解。这是我大力鼓吹客户采用的方法。暂停，然后作这个选择——确认别人理解你的意思正是沟通商数的一种展现。就像第三章所说，沟通商数从"养成一种专注的心态"开始，是克制"立即反应"这种冲动的万灵丹。

回到实际。很少有人会在自己说话时，期待别人使用推测式问句来表达他们了解的意思。所以，我才鼓励你要设法避免这种被误解的可能：要求别人帮你确认，自己的意思确实传达出来。我称这种动作为"要求推测式问句"。我的客户与他人沟通时，越来越常发生"理解上的失误"，为了帮助他们避开这种费时又费工的窘境，我就开始宣扬这个概念。

几年前我想到，光是使用推测式问句，已不足以避开决策失误与沟通不良的情况。既然研究显示，人类的大脑及专注力有时实在不太可靠，那么有人在你说话时保证说会保持完全的专注（就算他那天的状况特别好），也未免太自以为是了。从现在开始，领导者应该有前瞻性的思维，必须事先意识到可能被误解。

有件事情很重要：实际应用这个方法时，你的目的必须正确。要求别人使用推测式问句，表达他们理解的意思，目的“不是”看看对方有没有“听”你讲话，而“是”要看看对方如何理解，以及自己是否因头脑运转太快而词不达意。在你要求别人使用推测式问句时，只要保有这样的目的和心态，就不会给人傲慢的感觉。

要使用这项进阶的沟通技巧，虚心是不可或缺的元素，因为它需要我们保持一种心态：当你发现自己说的话被别人“过滤”掉时，不能太放在心上。用积极的态度要求别人使用推测式问句，你也有机会发现，对方是否明白自己所说的话，还是根本就听得不清不楚。当你在解释一些全新或复杂的概念，或是说了好一阵子，还是传达了别人不容易马上理解的消息、指示或绩效评估等等，要求别人使用推测式问句就会显得特别有用。

下面的故事告诉我们，要求别人使用推测式问句之后，对方的回应也会让你的观点更快被接受。你可以把更多的时间花在成交案子上，或是提供一些具有影响力的正面意见，甚至连哪个人曾背书过都可以拿出来，只要你有足够的自制力（情绪商数），就能提升你的沟通商数，然后在短时间内获得上述成效。

只有不到十五分钟可以陈述你的观点时，你愿意冒多少风险来得知潜在客户的想法？

有一天，应用特殊科技中心的某位客户打电话给我，告诉我一个令人兴奋的消息：他受邀到白宫的会议上展示一项新科技，而且副总统也会出席。对于太空总署能不能使用该中心这套尖端的教学短信，让航天员学会新技巧，政府表示相当关注。如果能顺利和太空总署签约，科技中心就有机会从此声名大噪。以下是电话内容：

机会：“有机会在白宫见到副总统，当面让他知道这项惊人的科技和我们肩负的使命，实在让人觉得相当兴奋。”

问题：“我们发言的时间只有十五分钟！”

他们问我的问题：“只有这些时间，要怎么说，效果最好？”

我的回答：我先暂停，然后说：“很简单，讲七分半钟就好，时间一到马上停下来。”

一开始的反应：电话那头一片寂静。

接下来的反应：客户觉得可能是自己没听清楚我说的话，于是又重复说他们只有十五分钟。问题实在很麻烦，因为这项计划既复杂又令人兴奋，全世界可能都会知道，只有十五分钟的说明时间真的是一点都不够。

我的回答是要求推测式问句：我把要求“推测式问句”这个概念作了一番说明：在这个“过度传达”的时代，简洁已成为一种趋势。“用掉一半时间后，你应该暂停陈述，然后说：‘副总统先生，在我们进一步说明更多细节之前，想要先暂停一下，听听您觉得我们说了什么。这样我们才能确定，到目前为止所说的您都听懂了。’”

华盛顿那里发生了什么事？他们讲了七分半钟后暂停，依照我教他们的去做。接着屏息以待……

华盛顿那里的反应：显然，副总统会严厉斥责他们？不，事情不是你想的那样。据他们说，他们这种说法给副总统留下了深刻的印象。副总统对大家说，他不仅了解他们的新科技，以及可能带来的好处，也认为这项科技相当出色，正是政府需要的东西，所以决定支持。他们已经不用再多说一个字了，因为副总统在重要的听众面前，把剩下的展示时间都拿来帮忙说好话了。

学以致用

上面的故事告诉我们，当你把注意力转到“主动了解别人是否听懂”了时，可能会得到很好的结果。应用特殊科技中心的创办人，第一次在这种很容易不小心搞砸的情况下，要求别人使用推测式问句，结果却比他们想象的还好（参阅关于要求别人使用推测式问句小秘诀的相关内容）。

• 你可以在哪些不太容易搞砸的情况下，开始要求别人使用推测式问句（例如开员工会议、和同事在一起，或是和长期客户见面时）？

• 如何将沟通时可能产生的误解，转变成更加了解别人心态的机会？

语言文字如何具有阐明意义核心的力量？古人的智慧值得深思：

> 想要从语言文字中理解意义，无异于在浊水中清洗泥块。但若不经由语言文字以获得理解，无异于试图让方桩密合于圆孔之中。
>
> ——圆悟克勤大师（1063—1135）

第十一章　再谈怨气户头

你应该有过这种经历：有时候自己明明没有那个意思，吐出来的话却是一副咄咄逼人的样子。我们会被客户、病人、同事、卖家、老板或其他人碰触到敏感神经，其中一个原因是我们踩到他们的地雷，不然就是他们踩到了我们的地雷。此时，一定要记得“怨气户头”这个重要概念。

累积怨气为何会变成一种不自觉的习惯？如何才能不被这种习惯影响？每一次，只要有人做了一些让你觉得不是滋味或受到威胁的事情，而你又选择睁一只眼闭一只眼时，就不自觉地把怨气存进了“怨气户头”。在某些情况下，不论是对事还是对人，或许你会对自己说：小事而已，不值得伤神，然后决定隐忍下来。不过，每次只要发生类似的情况（不管是同一个人或是别人），而你又对自己说了同样的话，你的怨气就会越积越多。在另一些情况下，可能发生的不是什么小事，而是很严重的大事，但你却因为觉得自己无能为力就忍了下来，反正船到桥头自然直。结果却不是那样。

这段时间，怨气也在生利息，再加上每次受委屈或被冤枉时所累积的怨气，你的怨气户头只会越来越满。怨气户头里的利息越多，就越没有兴趣思考不同的可能性，例如：针对那些困扰你的人、事、物，你是否预设立场？是否忽略了什么事？或是有没有什么你以为知道，其实根本不知道的事？

怨气造成的反应

日子一天天过去，有一天，在完全没有预料的情况下，某个你觉得最不可能的人，却对你做了你无法忍受的事。你只是个普通人，你受够了！此时此刻，扳机被扣发了。突然间，你一直往怨气户头猛塞的怨气整个失衡，情绪完全被引爆。你可能口不择言，也可能造谣生事，甚至辞职不干。

有件事情很重要：怨气上来时，你必须要有自觉。你可以暂停，然后自问：在某些特定情况下，哪些事情会引爆我的情绪？重要的是，要懂得找出自己不太能容忍的地方，例如：觉得别人想打发你、话说到一半被打断，或是被人排挤时。尽管过去遇到这类情况会有冲动回应的倾向，但只要能意识到自己有这种倾向，就可以在别人不小心踩到地雷时，让自己的情绪不会那么容易被引爆。我在塔夫茨大学教授沟通课程时，学生都觉得这件事让他们受益良多，因为只要知道什么事会引爆自己的情绪，就可以克制冲动回应的倾向。正如他们所言："真希望更年轻一点时，就可以知道哪些事情会引爆自己的情绪！"

我给学生的练习功课，跟我给一些企业主管的一样，因为大家都很想知道，为什么总是会有同类型的人、事、物出现，让一切变得很不顺利。当某些人的行为和我们的世界——期望、价值观、自我形象，甚至在家里扮演的角色格格不入时，我们就会习惯性地采取防卫或攻击的姿态。[43]意外遇到这种和自己想法冲突的情况时，我们会被碰触到敏感神经，自动引发自我防卫的反应。如果这种事情下次又发生在你、客户或同事身上，我建议你们把"暂停的力量练习十一"那一段的"了解你的情绪引爆点"整个练习一遍，你会得到一些重要的领悟。或许，可以让你（或你的沟通对象）从此豁然开朗，不用老是因为事与愿违或觉得沮丧而心生埋怨。

暂停的力量练习十
从怨气户头中"提款"

下面这个例子会让我们看到：对于"存进户头"的怨气有所警觉，可以在你觉得被逼到无路可退时，帮你作出明智的选择。想象一下，公司总部距离你工作的地点很远，在没有事先和你商量的情况下，总部就决定把经费拿来支持你分公司附近的一个慈善团体。对于如何有效提高商誉，公司先前并没有提拨相关投资经费。你曾向公司抱怨，这样的决策让你丧失了在地竞争的优势。于是公司认为，捐款给慈善团体，你应该就无话可说了。

然而，该慈善团体所在地根本就没有客户，你“再次”抱怨公司没有先跟你打声招呼就自己决定了。你必须牺牲数个月以来的第一次周末休假，去参加该慈善团体举办的公园清扫活动，却没有任何客户因而受惠。你觉得很生气，有一种被骗的感觉。吃了闷亏就算了，形式上可能还要向公司表达谢意，感谢他们对你的抱怨作出回应，其实，你真正想对公司说的是，他们根本不晓得自己在干什么！

或许你还没意识到，自己的怨气户头已经塞不下任何怨气了，你的情绪一触即发，同事、客户或任何人都可能被台风尾扫到。这时该怎么做？你可以利用效能方程式来调整心态和做法：

1. 暂停的力量第一步：不要觉得委屈或无能为力，要明白自己“确实”可以选择事情的处理方式。

2. 展现“保有好奇心，不要怒气攻心”的思维：当别人作了不符合你需要的选择时，开始问问自己，是否对别人的用意预设了立场。

3. 问问自己，有没有什么你以为知道，其实根本不知道的事情，哪些事情引爆了我或是他们的情绪？

跟许多人一样，你的老板可能不只换过一次，新主管和新政策的戏码又要再度重演！正因如此，你更讨厌别人连打个电话或写封邮件跟你讨论都没有，就替你和你的团队作了决定。稍微停下来自问：当我觉得自己的意见不被尊重时，是否就是别人引爆我情绪的时刻？

懂得发挥暂停的力量来调整心态，就不会执着在“自己没有错”这件事情上，然后理所当然地认为错的是别人。单单做到暂停这一点，心态就会回到“空挡”，头脑也会变得更清醒。上述三个只花几分钟即可完成的心理步骤，不仅可以让你检查自己是否预设立场，还能了解情绪为什么会被引爆。如此一来，你可以选择用不同眼光来看“公司”，先把怨气放一旁，以更有建设性的角度思考一些新的可能性——你觉得被忽略时想象不到的可能性。你可以这么想：或许总部那边作此决定的人有时间压力，必须在限期内从预算中提拨出这笔慈善款项，也或许，总部想尝试一些新的做法。

因为你没有意气用事，所以可以站在更有利的位置，帮你的客户和团队人员争取更好的福利。你可以寄一封电子邮件或是拿起电话，与总部开诚布公地谈一谈。你先感谢同僚的努力，对于你要求的扩大社区服务作出了回应。然后，因为意识到“有些事情自己以为知道，其实根本不知道”，所以明白没有选对地方投资，或许不是总部的错。你再次感谢他们的诚恳用心，接着提供最新资讯，让总部知道下回要进行提高商誉的慈善投资时，哪一个当地慈善团体才是你心中的首选。

失望或忌恨都是人之常情，要你关闭怨气户头根本就不切实际。不过，只要能养成暂停的习惯，对于自己或别人是否预设立场，保持好奇的态度，就可以有效地减少“理解上的失误”，让沟通更顺畅。满怀怨气会阻断各种有效沟通的可能性，但只要保持正确的心态，新的沟通契机就会浮现，让你把事情处理得更圆满。

暂停一下 “小秘诀”与“对呀，可是”

“暂停的力量练习八”的使用小秘诀：有没有什么我以为知道，其实根本不知道的事

当我们的情绪被引爆，或是需要马上作决定时，如何克制立即回应的冲动呢？我建议你利用一个简单的问句，帮助自己不要过早下结论，即使你认为自己没有错，而且掌握了具体事实。请你问问自己：“有没有什么我以为知道，其实根本不知道的事？”就像“保有好奇心，不要怒气攻心”一样，这个问句帮助了我的客户和其他无数人，在他们面对各种沟通障碍时，让自己多了一份警惕，提醒自己看清事情的真相。

有个工具随时提醒自己立刻“加快调整态度”，对你或沟通对象有什么价值？答案就是：自问“有没有什么我以为知道，其实根本不知道的事”之后所产生的正面效应。商业顾问卢米斯（Logan Loomis）解释，那

正是有一天他和客户沟通时发生的事。原本事情似乎一发不可收拾，他说："有个首席执行官打电话给我，说董事会做的一件事让他气炸了。我建议他先暂停，接着问问自己，有没有什么他以为知道，其实根本不知道的事？于是，他抱着好奇的态度思考，然后很快发现，董事会的决议并不是他所想的那样，只是双方一时沟通不良。后来，他打电话来感谢我：'幸好我没有真的做了原本想做的那件事！'"

有时候，你会很容易急着回应，尤其在你觉得自己没有错、站得住脚或是没时间细究哪里出问题时，更是如此。不过，当你决定多想一想自己是否预设立场时，就有机会迅速发现问题的症结所在，进而找到更有建设性的解决方法。你可以问问自己：

- 有没有什么我没想到的？
- 有没有什么影响对方或影响我作决定的事情，是我以为知道但其实根本不知道的？
- 对于整件事，对于我或是对方，有没有什么对方以为知道其实根本不知道的？
- 我们会不会其实处境相同，却一无所知？
- 可以只是感谢对方的好意，却不一定和对方看法相同吗？

“暂停的力量练习九”的使用小秘诀：要求别人使用推测式问句

如果事先意识到可能被误解，为了防患于未然，要求别人使用推测式问句，可以让事情在一开始就不至于产生“理解上的失误”。当你处理复杂问题，如期限问题，或是意见不同的情况时，更是如此。

保有正确的心态

• 这是一项具有前瞻性、可以防患于未然的领导技巧，必须花点时间才能精通。

• 对自己要有耐心：一开始先在不太容易搞砸的情况下练习会比较好。

• 实际应用时，有件事情很重要：不要期望过高，因为百分之百的理解不在期待之列。

展现沟通智商

要知道，你可能会犯下列几项错误：

• 在沟通过程中遗漏了重要信息。

• 虽然觉得自己已经说了想表达的意思，别人却没听出来。

• 没注意到语调、速度、态度、表情或时机，让自己原本的意思遭到误解，即使你觉得自己说的或表现的意图已经非常明显了。

要求别人使用推测式问句的说法大致如下：

“如果可以帮我一个忙，我会很感激。我们已经谈了很多，我想确定一下你是否明白了我的意思，而我有没有遗漏什么重要信息，可否请你简单说说让你印象最深刻的几个要点，以免我没有说清楚，或是漏掉了什么？”

要求别人使用推测式问句，并不是：

• 要求别人使用推测式问句，并不是要他重复你说的话。

• 要求别人使用推测式问句，并不是为了测试对方有没有听你说话，而是要确认对方是否真正听懂了你的意思。这样就可以在不造成冲突的情况下，及早澄清可能的误解。

• 若是察觉到对方没有专心听你讲话，就“不适合”要求他使用推测式问句，反而应该站在他的立场想一想，有没有“你”忽略掉的点。此时不要预设任何立场，只要判断现在是不是这样说的好时机：“在进一步说明之前，我想先停下来听听你有什么想法。或许我遗漏了什么重点，还是有什么需要解释清楚的地方。”接着暂停，等对方开口。

让虚心当家做主

• 请记得，现代社会容易让人分心，再加上心灵滤网如影随形，即使对方自认为专心在听，你说的大部分话，他还是有可能左耳进、右耳出。

• 当别人忘了你说的重点时，或是你觉得别人没有在听你说话时，都不要太敏感，以为别人对你有意见。

暂停的力量练习十一
了解自己和别人的情绪引爆点

别人可能不需要费什么劲，就会让你产生被逼到无路可退的感觉。所以，有必要利用一种安全机制来克制快速回应的冲动。在提升沟通商数的有效方法中，有一种是：了解自己的情绪引爆点。对于自己容易敏感之处有所警觉，凡事就会更加顺利，因为你对原本容易过度反应的某些人事物，有了更强的自制力。

每个人的反应都有固定模式，天天上演，全年无休。丘卓在《耐心：生气与好斗的解决方法》[44]里指出：重获自制力之路在于，耐心找出自己对周遭人事物的反应模式。“这条路是一场探究之旅，始于更深刻观照周遭发生的一切……另一方面，好斗会阻碍我们的观照，会紧紧封住我们的好奇心。好斗是一种能量，必然会将解决问题的方向，导入谁输谁赢那种硬邦邦、没有弹性的固定模式中。”

练 习

想想哪些事情可能引爆你的情绪（例如被人设计、压力很大、被开除、有人在背后捅你一刀、被人咆哮、一些事情被视为理所当然，或是因为不想讲而对你说谎）。下次，如果有人说了什么或做了什么，让你觉得有一股很强的冲动想要作出回应，请问问自己：

1. 哪些特定事件或话语、别人对我做了什么事、哪一种人，或别人表现出什么行为，会引爆我的情绪，让自己冲动反应，却忘了如何把事情处理得更圆满？

2. 真正最让我火大的，是每当有人……

回答这两个问题，对于那些容易引爆你情绪的事情，你会多一份警觉，因此更有能力暂停。结果就是：不会老是觉得别人在针对你。明白这一点，就有机会让自己回到空挡，展现该有的自制力（回想第三章提到的乔治，当他回头想想自己的反应时，发现只要觉得被人在背后捅了一刀，就会被引爆情绪，冲动地作出反应）。

同样地，察觉自己的情绪引爆点，不仅会让沟通变得更有效率，也更不容易与他人发生摩擦：你可以“暂且先相信别人”，或是避免和对方针锋相对。根据互惠法则，久而久之，他可能也会用相同的方式对待你。

关于“要求推测式问句”的“对呀，可是”

对呀，可是#1：要求别人使用推测式问句，听起来就好像我在测试他们。

事实真相：没错。提出要求时的用词、语气和肢体语言，如果没

有给人诚恳的感觉，听起来就会是那样。

• 其实你才是那个“受试者”：从别人回答的结果中，就会看出你传达的信息是否完整。要求推测式问句的原因是，你很清楚每个人内心都充满了许多内在对话和外在干扰。

• 当你要求别人重复一些他认为听到的要点时，能否顺利的关键在于：是否表现出百分之百的诚恳。那么，要如何给人诚恳的感觉呢？方法如下：

1. 克制冲动，不要急着提出要求，放慢脚步。

2. 对于即将听到的内容，不要表现出期待满满的样子。

3. 听完对方的陈述后，在你准备进一步说明之前，请先暂停一下，向对方说声谢谢。

对呀，可是#2：提出这种要求，听起来好像对自己的沟通能力没有信心，这样不会看起来像个无能的领导者吗？

事实真相：这个问题相当合理。我的看法是，现代职场节奏快又经常变动，为了让事情更有效率，领导者必须愿意承认，自己不会知道所有可能的解决方法，而且有必要想想自己是否预设立场。要求别人使用推测式问句，是为了让工作顺利进行，能否达成有效沟通才应该是你最看重的事。

• 沟通商数够高的领导者都能保持虚心，知道不管是谁说的话，都会有很多地方可能没有表达清楚，造成对方听错或误解。一个心思敏捷、应变力强的领导者，不会因为坦率诚恳地与人沟通就减损个人形象；要求推测式问句这个步骤，可以帮你确认对方都听了你说的话，而且对方也都听懂了你的意思。如果还有哪里需要进一步说明，你也会相当乐意。

• 想要有效地充分利用时间的领导者，一定要先明白一件事：意义不在别人说的话当中，而是在你如何诠释别人的话。文化差异、分心、经验、期待、压力、不够专心等各种因素，都可能影响沟通效果，要求别人使用推测式问句则是一种安全机制，可以避开或降低这种影响。

养成“提升回应能力”的习惯

本书提到一些提升沟通商数的工具，只要养成使用的习惯，就等于是在主动避开或澄清“理解上的失误”。这项领导技巧，可以先让你确认双方的理解是否一致，然后再进行下一步，以免因为沟通不良而耗时费神。

本书也鼓励你养成新的习惯，才能在面对各种人事物的变化时，更加得心应手。不过，改变有时很像爬坡，而且一开始的重点不在于你听到多少，而在于你听进去多少。这让我不禁想起过去一个大家习以为常的旧习惯，让整个社会付出了多少代价。幸好我的一些想法得到了共鸣，现在这个旧习惯已经被另一种新习惯取代。如何养成新习惯呢？先从“察觉”（一种暂停）开始，再渐渐转化成新的行为。

推行“指定驾驶”方案

在20世纪80年代以前的美国，开车的人即使喝了点酒，只要不喝醉，一般人都还可以接受。虽然政府已立法严惩酒驾，但不幸的是，这不足以造成威吓，状况不好的人仍然会开车上路。尽管公益广告到处都看得到，却很少有人知道，如果朋友和家人喝了太多酒，要如何阻止他们开车。

1985年，我在波士顿WBZ-TV工作时，有两名青少年因为酒驾肇事，造成一位年轻记者同仁死亡。当时，我担任电视台的新闻公关总监，就和整个团队成员一起说服高层，让我们和哈佛大学公共卫生学院、麻州餐饮协会合作一项研究，并推行一项社区行动方案。棒球赛有所谓的“指定打击”，代替状况不好的打者出场打击，我们从这件事得到启发，提出了“指定驾驶”这个新概念：指定一名没喝酒的人担任驾驶，负责把其他人平安送回家。新法及相关规定上路后，这件事获得社会上一致好评。

然而，酒驾并不是唯一的肇事因素！根据最新的研究显示：开车时若是越开越快，即使没有超速，安全驾驶的能力也是不断递减（远超过我们的想象）[45]；任何一点小状况，都可能影响开车人的判断，进而造成悲惨的交通事故。从多年来和个人或机构合作的经验中，我发现同样的情况也发生在“受干扰的倾听”里：当我们不知道自己“一直在受干扰的情况下听别人说话”时，就容易作出粗糙的决定。这可能是因为分心，或是有些事情让我们“醉”到无法保持清醒。思绪一旦超载，就会丧失暂停的自制力（或习惯），自然也无法进一步克制冲动，无法作出最好的选择。

从“匝道”驶进“改变之路”

就像前面提到的，心灵滤网会不时地发挥作用，让沟通内容呈现出不同的意义。简单地说：人类的心灵习于误解。想要成为更有效率的“快速回应者”，暂停一下，保有好奇心（而不是立即回应），使用推测式问句，要求推测式问句，等等，都是可以节省宝贵时间的好习惯。对于那些需要指挥调度或是必须“负责”的人而言，这些习惯更是重要。

还记得第六章提到“培养新习惯的三个阶段”吗？第一步要先“察觉”，才能慢慢明白，该是用新习惯取代旧习惯的时候了。决定停下来反省——倾听内在的声音，就是驶入镇定的“匝道”，而镇定正是好奇心粉墨登场的关键：你不再武断地坚持己见，会发现有些事情自认为知道，其实根本不知道，因而保持开放的心态，不排斥任何新的可能性。你可以从图2.1中看到，这些步骤如何形成一个整体架构，让我们的决定变得更有力量。

接下来呢？出乎意料之外的好结果

无论是从实际生活还是先前读过的故事中，我们都可以发现：理解上的失误，会让人看不清真正或更明显的问题，反而在错误的问题上纠缠不清。接下来的第四部分会让我们看到，不同领域的人们如何发挥暂停的力量，让结果变得出奇的好。尽管面临各种困难，他们当中有人推动了历史发展，有人在市场上掌握先机，还有人用不同的方式面对比赛。

这些不同领域的先驱还有其他的共同点：他们自觉且大胆地采用了新的思考方式，同时激励别人持续学习。有一天早上，我恰好读到人工智能创始人之一塞尔佛里奇的故事，想起了“持续学习”所带来的启示。“我父亲每天出门工作前，都会先阅读讣闻专栏，而我也跟着养成了这样的习惯。父亲教导我，那些人曾经为世界做出一番贡献，不论认不认识他们，阅读讣闻是一种对他们表示敬意的方式。”当塞尔佛里奇被儿子问到什么样的动机让他执着于心灵的探索时，他的回答深深震撼了我：

> “学习是心灵最重要的倾向。心灵一旦停止学习，就不能再称为心灵。”[46]

The Power of Pause ①

第四部

暂停的艺术：

着力关键处，结果自然成

第十二章　我们的目标是什么

我的目标是什么？要如何达成目标？如何在奔波忙碌当中，依然觉得一切都很棒？

每天都有可能遇到不同的挑战，你随时可以问问自己以下这些问题：

• 如何争取发声的机会：每天都有可能因员工、同事或客户而让自己分心或感受到压力，无论如何都要设法表达意见。

• 如何推行重要计划：设法取得别人的信任，让大家尽其所能完成计划，达成你的目标。

• 如何删减预算：要有心理准备，有些预算一删减，得失之间不一定拿捏得准。

• 如何雇用对的人，或是解雇不对的人：执行困难的决定，面对可能的后果。

• 如何与同事、策略伙伴及竞争者合作：衡量所花的时间精力是否值得。

• 如何开始新工作：无论你是合伙人、经理、主任，还是首席执行官，都一样。

在21世纪，各式各样让人无法预期的挑战与机会，可谓如影随形：一些过去数十年来无法解决的问题，人们也在努力找寻突破的契机。第四部分会让我们讲到几位先驱和大师，看他们如何发挥暂停的力量来创造历史。他们能顺应时势、破茧而出的其中一个方法就是：掌握了不精确的艺术，以及新兴的合作科学。

如何迈向合作之路

现代人大多面临同样的新处境（或需求）：想要成功，必须与别人合作。这样的消息虽然令一些人喜上眉梢，却也可能引来另一些人合理的担忧，例如：

• 我习惯独立完成事情，而且确实觉得，自己做得比任何人都要好。那么，我应该如何改变处理事情的方式呢？

• 我不相信自己的点子不会被别人剽窃。

• 不管我对别人的看法有什么意见，如果真的讲出来，就会被冠上

“没有团队精神”的标签。

• 任何与“团体迷思”（译注：团体在决策过程中，由于成员倾向于让自己的观点与团体一致，导致整个团体缺乏不同的思考角度，无法进行客观分析）或“开不完的会”沾上边的东西，我一向避之唯恐不及。

全世界的职场都一样，合作的意义与如何执行，都是由主管和员工以及劳资双方之间共同决定的，而其中有两件事情一定要分清楚差别：一件是所谓集思广益、组成委员会和团体迷思之类，另一件则是大家共同设计出一种清晰明了的合作模式，让所有人都能畅所欲言、进行全面性的讨论。例如，乔治亚理工学院和伊利诺大学的研究人员，都在进行一项研究：为了找出建构有效合作所需的条件，他们评估了各种沟通、决策与竞争的方式，看看其中哪些比较好。事实上，乔治亚理工学院新落成的“分子科学与工程学”大楼，就是为促进各学科的学习交流而特别设计的，其中所秉持的精神就是：打破工程学与科学之间的传统藩篱。工程师现在都和化学家及生物学家并肩工作，一起成为解决问题的“邻居”，过去部门之间那种难以跨越的隔阂从此消失。[47]

虽然各大学一步一个脚印地传授合作的思考模式与技巧给下一代学子，但很多例子显示：企业对于员工或主管，没有提供所需的训练或时间，让他们在调整态度或学习相关技能之后，彼此合作更加无间，同时在合作过程中感觉到自己受到重视。许多事情都需要花时间学习，例如，和大家分享过去不轻易泄露的资讯；与别人合作利用有限的资源；真正产生共识，而不只是同意折中方案；合作解决问题，而非领导者单独决定；提供适当的奖赏和赞扬，以肯定合作成果，或是像跨国虚拟团队那样，每个成员都在荧幕上一起创作产品。

根据典型的合作研究案例显示，人类似乎天生具有为了共同目标而互相合作的倾向，尤其在面对特定的风险或报酬时更是如此。“囚犯困境”的合作与冲突模型，就是其中一个最知名的案例。它是由20世纪50年代的博弈理论所衍生，并且通过了时间的考验。囚犯困境最基本的观点就是：彼此合作，就能创造双赢。

合作的相关研究，最近又有更进一步的发展。哈佛大学数学家马丁·诺瓦克（Martin Nowak），同时也是专精于演化动力学这门新兴学科的生物学家。他用数学论证的方式证明出，互助合作是利人利己的行为。他发展出许多公式，证明人类往合作的方向演化，他解释：“物竞天择、适者生存运用在人类社会的结果，实际上会产生像慷慨或宽容这类美德的产生。”在研究双方达成合作的要素时，诺瓦克发现“乐观”很重要：“任何双赢策略，都要让人觉得充满希望——我必须假设和你合作是可能的。”[48]

以科学研究为首的合作理论，让“合作”这个古老话题有了全新的生命。传统上都是顶尖科学家说了算，彼此为了名声与研究赞助而明争暗斗，这早已见怪不怪。到了今天，投资者和某些重要科学家则主张，研究人员应该互助合作，而不是彼此竞争。他们相信，对于加快突破的脚步，资料、观点与技术的共享具有关键性的作用。

新科技的诞生，不仅让研究的进行方式更加日新月异，更让我们的生活因为效率变高，而呈现出全新的风貌。然而，下面第一个故事让我们看到：要克服障碍、继续前进，需要的不是高科技资讯，而是拥有一套技能，知道何时该把科技摆一边，同时懂得运用直觉、人性（合作）管理与良好的判断。正如你即将看到的，选择暂停，保有好奇心，再加上保持虚心，就可以掌握这些技能。

如何说服一群精英从竞争走向合作

曾经获奖的癌症研究学者卡蓬（Michele Carbone）过去一向认为，领导与成功力基于“做对的事”，同时“让别人知道如何快速完成工作”。现在，他要分享一段与众不同的人生经历，是有关他如何寻找“间皮瘤”的起因与治疗方式。间皮瘤是一种特别的致命性癌症，大部分经诊断罹患此病的患者，存活时间都不会超过一年。

20世纪90年代中期，卡蓬来到了土耳其乡间，开始进行国际癌症研究计划。当时的处境可谓相当艰难：他要如何解决宗教、科学方法和语言差异所带来的冲突，并且赢得医生、村民、投资者、政府及同事的信任？他要如何在事情不如预期时，让他们继续保有好奇心，不要因为生气和自我意识作祟而误了大事？

在那个年代，癌症研究预算相当有限，而伊斯兰国家与基督教国家也处于高度政治紧张期。此外，美国当时也出现越来越多的恶性间皮瘤（发生在胸腔内壁上的致命肿瘤，与石棉纤维的接触有关）案例，全球可谓一片议论之声。卡蓬得知，土耳其有三个乡村，是全球恶性间皮瘤发生率最高的地方（而且是传染病），他觉得若要解开癌症遗传密码、找出治疗方法及其疗效，还有安排预防计划，就一定要亲自造访土耳其，才能发现其中的关键。在几次访谈中，他娓娓道出这段故事，毫不掩饰地分享他所学到的宝贵经验。生活在今天这个社会中，这是想要改变现状的必修课。

合作的第一个障碍是什么

“就是我。”在意大利成长、家里七代都是医生的卡蓬自己承认。他接着说：

> 十年前，我开始在土耳其进行研究，当时我年轻又有活力，对于该做的事情，总是非常执着于自己的想法，我喜欢告诉别人该怎么做，希望事情能因此做得又快又好。后来我才知道，这样不一定是对的，因为不同的文化背景可能有不同的思考方式，我不能过于一厢情愿。

倾听的力量

> 一开始在土耳其进行计划时，我在会议上针对癌症遗传关系做了一份简报。会后，一个村子里的药剂师跑来饭店对我大吼，坚持村子里的传染病绝对与遗传无关：“我们的遗传因子完全没问题，你根本就大错特错！”当时我想起，在飞机上重读过一本自己最喜欢的柏拉

图著作（在谈辩证法，以及“问对问题”如何重要），就想到了一个办法。等那个药剂师吼完，我等了一会儿才开口：“听我说，我很敬重你，也看得出来你是真的关心村民。所以，请你告诉我，他们为什么会罹癌？”他又大吼了起来：“我们的遗传因子没有问题！”

好奇心的力量与修炼

我努力克制自己，试着保持好奇心，然后缓缓地说：“好，如果和遗传因子无关，那问题出在哪里？”

我花了两个小时听他讲，才听到他说出那个关键词：“是免疫系统。有些人的免疫系统可以对抗癌症，有些人不行。”

我告诉他：“完全同意，我说的遗传因子就是这个意思，只是你叫它免疫系统，我叫它遗传因子而已。”

原来，这两个训练有素的专家虽然都想帮助村民，却不晓得他们其实存在着“暴力共识”（译注：这是指两人一直执着于争吵，却没有意识到他们其实是有共识的）。他们的观点明明完全一样，为何乍听之下会南辕北辙呢？因为他们用了两个不同的词，而这两个词最后却能产生相同的意义。因此，在两种文化之间以及惯用字词的诠释上，卡蓬必须设法搭起沟通的桥梁。

寻求共识

我们达成共识后，村民也了解了，我的意思不是说他们的家族遗传有缺陷，就接受了原本的研究计划。如果我继续坚持使用自己的术语，可能连踏进村子一步都不行。我学会了一件事：别人说过的话，你必须听仔细，才能了解他们在担心什么，以及为什么担心，因为他们不会马上告诉你。

开始组成“对”的团队

接下来，我必须找到合适的研究人员，和我一起在土耳其进行研究工作。于是，我先和巴利斯医师接触，他是一位受人尊敬的资深医师，自从他在村子里发现传染病之后，过去二十年来，大部分患者都接受过他的治疗。不过，他并不认同我的说法，是遗传因子问题导致免疫系统变得脆弱，而是认为，村民的房屋建材“毛沸石”才是病因所在。毛沸石有两种，住在其中一种毛沸石建造的屋子里不会染病，住在另一种毛沸石建造的屋子里才会染病。巴利斯在医学领域德高望重，没有他的支持，我无法取得研究所需的组织样本。

从怨气户头中提款

多年来，遇到那种觉得我不对或是认为我太年轻的人，我都会跟他们争论到底。不过，我知道团队里不能少了巴利斯医师，所以一直没有放弃说服他加入团队，总希望他有一天会改变心意。等我又收集了两年的资料后，他才愿意再看一次我收集的东西。结果让我大为惊讶的是，他居然承认我的理论没有错。他没有执着于自己多年来在期刊上发表的理论，反而愿意改变心意，这一点让我印象相当深刻。从那一刻起，我认为自己也必须改变态度：不是看待科学的态度，而是如何与别人一起合作的态度。团队里必须有一群对的人一起合作，否则单凭科学之力，势必寸步难行。从那时起，我们也化解了对立和怨气，变成很好的朋友。

医学院没教这些

如何与当地人打交道，医学院不会教你，科学家开始在当地采集血液和土壤样本时，一直遭受村民的恶言相向与蓄意刁难，因为他们还想说服我们，没有癌症“传染”这件事。虽然他们最后还是承认有人染病，但是坚持癌症和他们的房子或遗传因子无关。我们再一次听到别人说我们错了。

好奇心+虚心=信任

我暂停下来思考，村民到底在想什么？于是问他们：“你们觉得自己为什么会罹癌呢？”他们对着我大吼一阵，我还是轻声重复刚才的话："请你们告诉我好吗？因为我真的想知道，你们觉得问题出在哪里。"（认真询问对方的意见，表示你真的在乎。）他们问我："你们为什么选在街上和家里测量空气品质，而不是选在我们的工作地点和经常去的地方？因为政府想要把我们弄走，让我们搬到新的村子对不对？"我说："好，刚刚说的那些地方，你们希望我们从哪里测量起？"我知道我们必须取得他们的信任，于是测量了那些地方的空气品质。他们说得没错，除了住家之外，外面那些地方的空气品质也有问题。

突破性进展

卡蓬向我解释，村子里的大多数房子都是用毛沸石建造的。毛沸石过去从地底深处挖掘出来时，产生了化学反应，里头包含了一种类似石棉（已知的致癌物）的纤维质。他的看法是：这种由环境引起的化学反应，在某些家庭中会促进癌细胞生长，在另一些家庭中则不会。后来，卡蓬站在村民的立场，除了倾听，更退一步检视原本的研究计划。结果，他和当地的科学家有了突破性的发现：遗传因子和环境之间存在着一种关系，在某些人身上会引发癌症，在另一些人身上则没有影响。

这些偏僻村落中，有无数家庭毁于癌症。为了让研究团队早日发现癌症的疗法及药物，研究计划必须来个大转弯。卡蓬和癌症控制部暨卫生部长穆拉特·敦瑟（Murat Tuncer）合作，说服土耳其政府替村民建造新的住宅区，重新安置村民。然后再建造一间新诊所，让村民得到医疗照顾并接受检查，同时也在住宅区和诊所中间建造了一条新路。

召集并带领一支跨国团队

与此同时，卡蓬必须召集一支由不同领域科学家组成的跨国团队，并且说服团员愿意彼此合作。我问他："每个人的背景差异那么大，看事物的角度也千差万别，你要如何让他们聚在一起工作？"他的说明如下，一共包含三个步骤：

一、对同事的看法：首先，必须试着鼓励每个人，让大家都能对彼此的工作心存感激。人都有一种习惯，会把自己的事看得很重要，别人的事就好像没那么重要。例如，地质学家把研究岩石的实务工作看得相当重要，分子生物学家觉得分子分析更重要，遗传专家则认为自己的工作才是关键所在。此外，这些人一开始不认识彼此，也没有在同一个机构或国家一起工作过。

二、对自我的看法：第二项挑战就是要让大家明白，整个研究工作就像一场接力赛，每个人都会跑一段。最后虽然只有一个人会到达终点，但如果没有大家的努力，就不可能完成目标。尽管人人都倾向于把自己当成主角，但我们希望大家都能意识到一件事：在团队中，每个人都一样重要。只要能够让大家明白，没有别人的帮忙，谁都无法独立完成研究，这群专家就会开始朝分工合作的角度去思考。

三、领导艺术：最后，你必须当个不一样的领导者，做任何事都不能有台面下的理由，不能让别人觉得你比较偏袒哪一边，不管自己对或错，对每个人都要坦诚相待。还有很重要的一点是：你要让每个人都相信，除了拿到研究补助金，或是做好该做的工作、提供专属的研究报告，自己的工作还有更崇高的使命，在过去，只要能做好工作让上头满意，就算是负责尽职，但这项研究计划不是这样。它是一件值得去做而且不是任何人可以独立完成的事，就算工作能力再强也是一样。

创新的扎根

在这个竞争的世界中，要让顶尖人才彼此合作，卡蓬研究团队的故事可谓一步一个脚印。2005年，我受邀成为美国癌症协会（AACR）基金会理事会的一员时，曾针对癌症研究的复杂性，研读过相关报道，AACR是全球最大、历史最悠久的癌症研究科学机构，在全世界共有超过30万名成员。在报道提到的许多案例中，最吸引我注意的是：实验室研究从开始到完成，再从“实际应用”到预防、疗法及药物阶段，要花上30到40年的时间。

像我这种好奇心强又喜欢解决问题的人，而且还是沟通专家，自然会很纳闷：“为什么要花那么久的时间？”那里的专家作了如下解释。首先，在大多数情况下，实验室研究人员和治疗病患的医师科学家“讲的语言不同，工作动机也不同”。一边是纯粹从科学理论的角度进行实验室研究，另一边则专注于临床研究，以及研究结果对“即时病人监护”会产生何种冲击。其次，研究人员通常不会和别人分享手头上的资料，因为他们必须全力争取极为有限的资金来源、专利权，以及学界的认同——包括主要的几个奖项，还有全世界最负盛名的诺贝尔奖。

“嗯，如果问题出在这里，”我向AACR和兰登（Kirk Landon，他监管的家庭信托基金，赞助癌症奖项将近50万美元）表示：“不如改变一下研究动机，把奖项颁给愿意彼此合作的科学家。只要他们能克服传统的竞争与沟通障碍，我们就提供奖项加以表彰。这样一来，实验室的科学研究就能早日有所突破，进而实际应用在临床上。”一开始就出现许多创新者遭遇到的困难，我看到那里的专家显得犹豫不决，似乎不太愿意进行这种改变。和卡蓬博士一样，我和兰登必须展现毅力、耐心和虚心，才能成功地与AACR的专家合作，制订出新的奖项标准。

两年后，研究合作的号角终于响起：国家卫生研究院以及比尔与梅琳达·盖茨基金会，共同发起了一套耗资数百万美元、需要参加者共同合作的新医学研究补助计划。这套补助计划也鼓舞了医学院，不但将合作专题纳入教学课程中，甚至还设计了促进资讯交流的专门场所。接下来，AACR针对“在研究合作上表现优异”的单位，仔细比对其评估标准之后，于2008年将第一个“兰登-ACCR癌症研究国际合作创新奖”颁给了卡蓬博士，以及他那个专业又杰出的跨国团队。[49]卡蓬获奖时，团队致力于推广合作精神已迈入第二个十年。除了“让文化背景南辕北辙的科学家，彼此间产生尊敬与信任”之外，就像他们所说的，搭起和平的桥梁也是其中一项使命。身为夏威夷癌症研究中心代理主任、夏威夷大学所属柏恩斯医学院的病理学系系主任，卡蓬还有一项新任务要完成：他要将夏威夷变成国际癌症研究合作的跳板。

遇到人生的十字路口

人生有许多十字路口，遇到十字路口时，你可以选择（或是不选择）正确的道路。

——老班德森给儿子的忠告

有时候，挑战或机会毫无预警，说来就来。下面的案例告诉我们，只要愿意承认“有些事情自己以为知道，其实根本不知道”，不但能加速成功的到来，还能让自己更深刻地理解：一个由顶尖专家组成的特别团队，如何发现合作之道。

一次谈一件事

如何激励别人完成“不可能的任务”？风险变高时，要如何适当布局，寻求突破？抗拒或质疑很可能就在前面等着你，好比别人对博比·班德森（Bobby Bendetson，四代经营的“卡伯特之屋”家居连锁店首席执行官）说的：“最好交给专家来处理，因为你实在不够格。”这种话并没有让他和一帮相关奇人异士就此放弃。这群人的组合相当匪夷所思，原本他们在进行一项冒险活动，后来竟然意外踏上了一段三年之旅。这是关于暂停的力量、好奇心和虚心的故事，且看他们如何缓和对手敌意，如何敞开心胸，并且开拓一条通往和平之路。

班德森想不到居然有机会贡献己力，帮助一群素昧平生的陌生人，在战火中进行和平协商。他上大学不是为了当外交官，而是要学习经济学和管理学，让自己有能力经营曾祖父从东欧移民到美国后创办的家具公司。班德森一家觉得，他们在塔夫茨大学学到的东西相当受用，所以每年对学校的捐款都很大方。

身为塔夫茨大学财产受托管理人，班德森和太太琼安赞助的其中一项计划是：2006年年初于塔夫茨大学举办为期一年的“恐惧政治学”（Politics Fear）座谈会。塔夫茨大学的全球领导学院，有一项由舍曼·泰克曼（Sherman Teichman）主持、名为“公众调查与国际公民权教育”的计划，该座谈会便是这项计划的一部分。泰克曼的目的是“激励学生重新审视自己过去的某些想法或信念，甚至不惜放弃”，并且致力于解决全球问题。教务长巴鲁查（Jamshed Bharucha）称泰克曼为“激发转型的一股自然力量”。

泰克曼和他的学生邀请了世界各地的专家，说服他们在座谈会上分享自己关于恐惧与疗伤的故事。会中有几位南非来的专家，述说了一段令人不寒而栗的经历。他们说自己原本被当成敌人，随时都可能丧命；在受尽折磨与遭遇反抗的过程中，终于找到调解与和平之路。座谈会这项计划在后来发挥了意想不到的力量，这段故事便是其中的关键。南非小组成员包括：

- 博塔（Hentie Botha）：前陆军中校，在警界任职25年。

• 伊兹梅尔（Aboobaker Ismail）：前特战指挥官，陆军高级指挥部一员。

• 马哈拉吉（Mac Maharaj）：非洲民族议会党的谈判小组秘书长。

• 梅耶（Roelf Meyer）：南非最后一任白人总统戴克拉克（F.W.de Klerk）任内的国民党首席谈判员，通过谈判废除了种族隔离政策。

塔夫茨大学学生康思坦塔卡突，这样描述当时的情形：“我们亲眼目睹了种族隔离时期的几个主要人物，如何从不同的政治观点，讨论南非的种族隔离政策与民主制度。我们听到当时的暴行，也听到了反对声浪如何走向调解与双赢之路。要让各方人马齐聚一堂进行讨论，实在是太困难了……学期初，我们还争论过是否应该成立这样的小组。结果万万没想到，这个小组对我们和小组成员有多么重要。我们找到了一种中立且方便相互支持的环境，让大家能讨论一些在其他地方算是禁忌的话题。”[50]

提出正确的问题

班德森有个想法：有没有什么办法，可以让他们这群人把南非的和平使者和学生、教授，以及相互争战的伊拉克勇士们集合起来，一起设法停止杀戮，并寻求和解之道？班德森向自己以前的教授欧麦立（Padraig O'Malley）求助。欧麦立在南非长期居住过，写过几本关于调停和解的书。1997年，在都柏林土生土长的他，精心安排了一场非官方的“心灵会议”，与会者包括激进的北爱尔兰政党成员，以及过去南非种族隔离时期一些立场对立人士。他花了近两年的时间说服爱尔兰领导人，一定要找机会见见南非这些重量级人物，看看是否有可能通过和解的方式，终止爱尔兰的流血事件。会议结束几周后，爱尔兰宣布了一项停火协议，就此打开协商的大门，催生了后来大家可以共享权力的“耶稣受难日协定”[51]。

尽管质疑声不断，泰克曼和全球领导学院还是花了将近一年的时间，促成“伊拉克向前行”会议，让所有不同立场的人士都能参加。在这次会议中，欧麦立扮演了不可或缺的关键角色：开会结果如何，能达成什么目标，全都系在他一人身上。班德森形容，欧麦立是“不摆架子、坚韧顽强的成功英雄”。欧麦立坦言，目前最大的危险在于：“除非争战不休的各方，都能把他们自己及其代表的团体从自毁边缘拉回来，否则伊拉克的瓦解在所难免……谈判能否成功的关键，在于大家是否愿意妥协让步。许多与会者都好不容易才明白这件事，因为大家原本都认为，只要能让伊拉克的几个重要决策者齐聚一堂，看看过去彼此争战的惨痛经历，就会发现大家追求的路线其实可以有共识。终究要自家人互相协商谈判，伊拉克才有出路。”[52]

这次会议于2007年1月举行。伊拉克、南非、北爱尔兰和中美洲等各国代表，加上各方专业人士，以及参与过冲突解决方案相关活动的外交官，除了在各种公开及非公开场合都进行过开诚布公的接触之外，彼此也都因为参加会议而明白了一件事：要让以消灭对方为目标的两群人达成和解，需要彼此都愿意退让一步。这次经验让阿拉维（Ali Alawi，后海珊时代第一位伊拉克国防部长）写信给会议筹划人：“能够知道全世界有这么多爱好和平的知识分子及盟友，而其中有些人历劫重生，的确是一次相当宝贵的经历。想要实现和平，不只需要用意良善，更需要精通谈判协商，以及冲突处理的艺术，并了解各个竞争对手的强弱之处。”[53]

“不”并非意味着“不可能”

班德森、欧麦立和马哈拉吉，他们都希望能在这次会议的基础上更进一步，于是和伊拉克代表团私下会面：除了祝福他们回程顺利之外，也想知道他们对这次会议有些什么想法。班德森等人询问伊拉克代表团，若是进一步扩大谈判协商，他们觉得怎么样。一开始，伊拉克代表团不愿多谈这项提议，他们看起来较关心如何让国内各个党派代表齐聚一堂。班德森回想当时的情形：“接着，伊拉克代表团、欧麦立和马哈拉吉都停了下来。他们明白，要促成更大型的政治协商会议，需要花费更多时间，或许要六到九个月之久，直到各个党派都了解对手是消灭不完的才有可能。”欧麦立和马哈拉吉也在自己的国家经历过同样的情况，相当清楚这一点。班德森接着说：“伊拉克代表团并没有完全拒绝我们的提议，但也没有表示同意。既然一切都还是未知数，我们就有一种感觉：应该可以做点什么有帮助的事。”

后来那天晚上，大伙儿在班德森家吃晚餐时突发奇想，一个和平使者特别团就这样诞生了。他们总是觉得，可以找到办法创造一个中立环境，让这些谈判协商继续进行下去。于是，他们锁定伊拉克逊尼派和什叶派的高层人士，希望让更多人有兴趣和南非及爱尔兰调解领导人见面，找出类似的和解方法，迈向和平之路。在此之前，欧麦立同意先到伊拉克看看，这两个派系中有哪些高层代表，愿意参加几个月后即将举行的调解会议。

这三个筹划此计划背后的主要推手，分别肩负着不同的任务：班德森总揽所有行政事宜，全权负责推动计划；欧麦立负责筹办调解会议；马哈拉吉负责聘请世界一流的辅导专家，并且设法找到中立的主办国。教务长巴鲁查还发动整个大学的力量，支持这个被称为“第二轨道”的空前计划。“第二轨道”的意思是：利用非官方的沟通途径，逐步取得成效，为将来的官方正式接触铺路。当时因为伊拉克战争的关系，连官方协商都停摆了。

这种居中协商争取和平的新方法，鼓舞了芬兰前总统马尔蒂·阿赫蒂萨里（Marti Ahtissari）说服祖国支持这项行动，也就是所谓的“赫尔辛基第一次会谈”。来年，阿赫蒂萨里便因为过去三十年不断地在各洲进行和平倡议行动，获颁诺贝尔和平奖。

企业家一起合作

“这是一项既具有企业精神，又依靠感觉的计划，策划者不但要能胜任，更要懂得彼此的信任。”班德森解释说。

> 被这项计划吸引的人都有一种特质：虽然过去从未有过如此大规模的行动，但大家都深信，这些事情应该要努力去完成。我们知道自己可能失败，但不会因此打退堂鼓。
>
> 就像欧麦立，他只是个平民，却能在交战区花上好几个月进行种种必要的活动，只希望能为伊拉克人民找到和解之道。
>
> 参加这项计划的人愿意信任我们，是因为整件事从头到尾，我们都不是利害关系人。计划的共同召集人选有塔夫茨大学的全球领导学

院、麻州大学波士顿分校的麦科马克公共事务管理学院，以及赫尔辛基的危机处理倡议组织。参加计划的个人或政府单位都很清楚，我们扮演的角色是提供一个中立区，让大家可以进行开诚布公的对谈。这当中，没有任何个人、企业或国家因此获得金钱回馈，或是有关政治和专业的好处。尽管我们聘请的都是世界一流的调解辅导及冲突解决专家，但每个人对于自己的任务都相当尽责。对我来说，无论是大学或企业领导人，都能够且应该扮演关键角色，为世人促成这类型的讨论活动。

赫尔辛基第一次会谈于2007年9月举行：梅耶和北爱尔兰副总理麦吉尼斯（Martin McGuinness），率领从北爱尔兰和南非陪同他们前来的辅导代表团一起出席，并且在会中清楚地表示：这是伊拉克人民的会议，应该由伊拉克人民决定如何进行。

设立中立区，让计划快速进展

除了行政和推动事宜，班德森还担任东道主，这让他这个和蔼可亲又触角敏锐的首席执行官变成了大忙人。他知道，在这种敏感的气氛下，有件事情相当重要：必须找到一个独立的非官方场所，让大家可以放松心情、互相认识。由于一般饭店大多禁止抽烟，班德森便设法得到芬兰饭店主人的允许，让饭店内的图书馆暂时权充吸烟区。因为他知道，在伊拉克这样的地方，某种程度上要大家一起抽烟，人与人之间的关系才能建立起来。尽管听起来有点夸张，但是这间图书馆变成了关键的“舒适区”，与会者在这里建立了彼此间的重要联系，甚至因此成了朋友。结果，这件事在一年后起了重要作用。

到了第三天，伊拉克代表想看《米歇尔条约》（Mitchell Accords），以便了解协议中如何制订停火协议的相关原则，让北爱尔兰因此平息了数十年来的冲突。接着，他们又要求辅导团离开会议室。“当时我们知道有什么事要发生了。”班德森说，“结果，到了晚上会议结束时，他们便起草了他们自己的和解原则，接着又用手机打给上级，然后希望我们开始筹备在来年举行的赫尔辛基第二次会谈。”

换个角度思考：从受害者到新结盟

只花了七个月，赫尔辛基第二次会谈就筹备完成。让班德森及和平使者特别团惊讶的是，与会者一共有36位高层的逊尼派、什叶派与库德族领导人。这回带领导团的，则是非洲民族议会党前秘书长拉马福萨（Cyril Ramaphosa）与麦吉尼斯。一手筹办这次会议的欧麦立教授，之前花了将近一年的时间，说服互相敌对的各党派成员，希望他们能参加这次进一步的和解活动。

班德森回忆当时的情形。当他看到敌对阵营虽然想要一起努力解决问题，却还是会抽空在饭店所属的农场散散步、彼此私下聊聊天时，心里的感想是：“我看到他们从全面恐怖主义底下的受害者，不但摇身一变建立了彼此间的友好关系，还在同一个政治结构下一起解决问题。让我敬佩的是，他们居然能产生如此的转变。人们为何可以如此转变，这实在令人困惑，但其中一个关键线索是：暂停下来，想想他们过去是怎样的人，现在又是怎样的人。”

教务长巴鲁查是一位认知神经科学家，他特地来到赫尔辛基，观察实验室外头的调停过程。

对于长期以来的敌对阵营，如何才有可能突然间展开良性对话，我倾听了他的看法。他解释道：“早先时候，我们可以从他们的谈话、动作和肢体语言看出，伊拉克代表团掌控着整个流程，并且把会议当成自家人在谈判。虽然他们不时针锋相对，但与此同时，我看得出他们刻意在控制冲动，不让自己急着回应。”在巴鲁查替《塔夫茨杂志》所写的一篇文章中，引述了一段与会者说过的话：“这里的每个人都有自己的想法和感觉，这些东西不但可能带给别人伤害，也可能让情况变得更复杂。但是，不要忘了，我们来到这里是为了寻求共识，希望彼此展开良性对话，所以我不会把心里的话说出来。我想要找到一个正面的共同基础，并且让自己有更多的宽容，不要随便表现出负面情绪。”[54]

巴鲁查解释，人类大脑会通过“信念系统”这种架构，快速分类并组织被输入的资讯，然后产生进一步反应。在赫尔辛基，他注意到辅导团如何剖析情况、引导流程，让敌对阵营慎重地着眼于彼此的差异，进而停下来思考。拉马福萨和麦吉尼斯并未主导议程，或是试着居中调停，反而在会谈陷入僵局时，很有礼貌地提供各种可能的建议，让大家有机会“换个角度”思考。“然后，他们很快退到一旁。当伊拉克领导者要求他们离开会议室时，态势很明显，双方阵营已经准备好要定出他们自己的协议了。后来也确实如此，他们搞到很晚，早就过了会议应该结束的时间。”

超越已知，探索未知

后来让大家惊讶的是，伊拉克代表居然要求赫尔辛基第二次会谈的辅导团再帮他们一个忙。他们询问辅导团，是否愿意在三个月内，到巴格达起草一份制订和平与安全防卫协商原则的协议，以求进一步平息战火。辅导团答应了，再一次主动投入心力，奔走协调。很快地，四个月后的2008年11月下旬，正式的“撤军协议”就宣告通过。许多人都写信向班德森表示，赫尔辛基那次会谈，确实有助于各党派进行协商并实现和平。

我问巴鲁查，赫尔辛基的经历有没有带给他什么启发？他说：“以前我都认为，教育的目的是学习一套将知识分门别类的思考架构，以便在往后的人生中提供指导方向。不过，现在我却认为，教育真正需要提供的思考架构，是要让人懂得持续学习，走出自己的舒适区，把心灵触角延伸到未知的领域。”

巴鲁查那套关于教育的进化性神经认知理论，鼓舞了我们。只要能“延伸”心灵触角，懂得思考“有没有什么我以为知道，其实根本不知道的事”，就能让大脑持续保持活跃与敏锐。无论是教育工作者还是管理者，也无论教育或管理的对象是别人还是自己，养成这种心态都是刻不容缓的事。想要效法普鲁斯特所说的“用全新的眼光看世界”，有个非常有效的方法，那就是培养一种能力，让自己随时能调整看待人事物的角度。

“暂停+好奇心+虚心”的相互作用

我们看到，一群声名卓越的高层领导者——来自全球三个冲突交战相当频繁的地区不断地见证一件事：无论个人信念多强烈，都先放在一旁，最后就能产生双赢的结果。三年就达成了这项不太可能的任务（仅有少数与会者或官方外交官抱持希望）——替伊拉克人民找到和解之路，展现了暂停、好奇心与虚心这三个元素彼此间发生相互作用的动态历程。在日常生活的各个场合中，你也可以灵活运用这些方法，无论是进行协议或约定、居中协调解决问题，或是像班德森一样经营企业，效果肯定出奇的好。

统筹非官方“第二轨道”平民外交的经历，让班德森更加坚定他长久以来身为首席执行官所秉持的信念。“无论是企业经营还是和平协商，你的周围一定要有一群既聪明又勇于表达各种不同意见的人。然后，你必须发挥领导力，让好建议和好人才帮助你进一步完成目标。企业领导者若是识人不明，或是优柔寡断，目标必将遥不可及。”

结束与班德森的访谈后，班德森陪我走到办公室门口，轻声地对我说：“就像父亲告诉我的，大多数人一生只会遇到一次重要的十字路口。幸运的是，我选择了我想选择的，希望多少有助于减少世上的杀戮。”

第十三章　我能得到什么好处

你可能会纳闷，前一章提到的故事和自己有什么关系，尤其是你又不致力于癌症研究或和平协商的工作。不过，你没想到的是，大多数人遇到的问题类型都很像。就像一名每天忙于奔走协调的退休资深主管所指出的："从最根本的形式看来，所有的问题都离不开人际关系。人与人之间会发生问题，都是因为每个人对彼此一无所知、自以为了解，或是预设立场。"想想你最近遇到的问题，会不会有些时候：

- 当别人固执己见时，你很想让他们同意自己的看法？
- 需要找出问题背后的原因，才能化解冲突？
- 工作伙伴根本不愿意坐下来和你好好谈一谈？
- 必须和那些自我意识很强的人打交道？
- 因为预设错误立场，造成双方沟通不良？就像前一章那两位医生，因为“免疫系统”和“遗传因子”听起来不同，因而陷入了沟通僵局？

如果你遇到的情况类似先前提到的故事情节，应该就会明白，越能随时发挥暂停的力量，就越能和别人顺利合作。接下来的案例会告诉我们，暂停，先站在同事、员工和客户的立场，再说服他们很快认同新观念，就是一种专业的修养。

如何与客户共创双赢

你可以有绝妙点子和满腔热情，不过，单单如此不足以成事。

——莫妮卡·勒希特费尔德（Monica Luechtefeld）

2008年的美国总统选举后不久，科技专家就在思考一个问题：在这次选举中，奥巴马充分运用了新兴的网络社交工具，关于所引发的后续效应，奥巴马有没有能力加以掌控？专家们称此为“合作政府”的初步试验。[55]科技不断进步，变化之快，往往出人意料。即使你灵光一闪清楚看出，一种新的科技运用，即将戏剧性地（且不可避免地）改变你和客户的互动方式，但是就像下面案例告诉我们的，这样还不够：你必须很快找到一群合适的帮手，并且作出正确的决定，才能把绝妙的点子变成企业经营的成功保证。

多任务多酬才是王道

如何说服别人采纳新观念，建立市场上的领导地位呢？勒希特费尔德进入“欧迪办公”（Office Depot，全球性办公用品销售与服务公司）上班没多久后，就遇到了这种情况。这是一种挑战，也是一个机会。我在佛罗里达国际大学“领导力中心”开了一堂“进步中的女性”在职教育课程，当时我请她来客座演讲，才第一次听到有关她的事迹。除了她和公司因为当时所作的选择而名留青史之外，欧迪办公的企业精神也符合我所谓的“效能检测标准”，因而再次走在时代的前沿。如果你觉得光是自己达成目标不够，还要带领整个团队和客户一起成为赢家，就应该参考欧迪办公的“效能检测标准”。

网际网络刚萌芽时，企业还看不出日后对市场会带来什么样的冲击。当时，包括欧迪办公在内一共有三家公司，被麻省理工学院选中参加一项全新的实验：开发第一个“企业对企业”的电子商务网站。这个专案由勒希特费尔德负责，这不仅改变了她的生活，公司也因此调整了财务结构：首席执行官同意赞助公司资金，开发史上第一个可线上订购办公用品的网站。

勒希特费尔德的团队花了两年时间，才有最早的500家企业上线。结果到了第三年，登入的企业数目已到了1.1万家，后来又增加到了3.9万家。2002年，网络销售营业额成长到将近二十亿美元。到了2009年，更一举突破50亿美元。在这几年，勒希特费尔德已变成“供应链及资讯科技”部门的副总裁。我前去找她访谈时，她正在发展欧迪办公的下一项革命性计划：设法让社交网络发挥更多功能，让越来越常在虚拟环境下工作的客户，把工作自然融入生活中。

从业界“领头羊”的经验出发，她分享了许多深刻的看法，并集结成底下的“优先顺序检查表”。这当中最重要的一个概念，就是“合作的技巧”，也是公司成功的关键。无论是经理人，还是任何想要有机会落实好点子的人，都有必要学会这项技巧。“想要成功，”她解释，“你必须具备该有的技巧、能力与心态去提出一个问题：别人听了我的想法后，心里到底是怎么想的？接着去找答案，看看怎样激励别人加入你的阵营。”从这个观点出发，勒希特费尔德分享了下面这些原则与做法。请你细细体会，或许同样的成功奇迹就会发生在你身上。

效能检测标准

1.无论做什么事，都把客户摆在第一位。确认你自己和专案负责人都站在客户的立场，深入了解你的计划如何为客户的生活带来更多舒适与便利。“改变会对使用者造成什么样的冲击，最了解的不一定永远都是科技专家。”

2.“从上到下”与“从下到上”的工作方向要同时进行。尽早取得管理高层的支持，然后把时间花在执行层面，让那些站在第一线服务客户的员工，更深入了解你的计划与做法。

3.整合支持系统，不要制造隔阂。整合各部门（例如客户资料中心与客服中心）之间相互支持以执行新方案的方法。“我们所作的重大决定，并非为了创造一个独立经营的网际网络模式，来和现存的销售结构互相竞争。当其他公司的业务员还觉得网络销售与实体销售对立时，就已经错失了我们现在掌握的大好良机。”

4.让报酬与努力成正比。设法帮助工作伙伴了解，要推行一种全新的科技或计划，必须在行动上作些改变，才能顺利达成目标。如果需要配合的地方非常多，就设法提高销售奖金来激发大家的潜能。“多任务多酬才是王道！”

5.提供更多的训练。为工作伙伴和客户量身打造适合的训练。“我们陆续花了两年的时间，为客户和工作伙伴提供网际网络训练、电子商务训练，并举办各式各样的研讨会。他们当中有很多人从没用过电脑，更不用说鼠标了。”

6.要有耐心，当个落实想法的推手！让别人（同事和客户）改变一贯做事的旧习惯，再重新养成一种新习惯，可能比你想象的还要花更多时间。“重要的不是你对未来的前瞻性看法有多准确，而是要如何实际上路，当个落实想法的推手。”

7.充分利用已知，努力了解未知。想要在“矩阵型组织”中成功，你必须知道，你的想法对其他部门会产生哪些潜在性的影响。合作与沟通最重要，也是一开始最先要做的事。“我们今天都采用一种‘分权领导’的模式。提出任何新想法时，首席执行官会问你的第一个问题，就是你和‘谁谁谁’谈过了吗？如果还没有，那就先去找他们谈谈，其他再说。”

勒希特费尔德的见解，让我很想再上他们的公司网站看一看，了解更多有价值的地方。结果，我在网站的“生活式工作”标题下看到了这句话：“我们要和大家分享的是：充分发挥潜能以实现梦想的渴望。”[56]花一些心力“充分发挥潜能”，在今天这个时代显得更重要。这种追求专业发展的企业文化，以实证心理学为基础，目前渐渐成为一种强而有力的新管理工具。密西根大学罗斯商学院正展开广泛的研究，研究结果和巴金汉在《发现我的天才》中提到的一样。他们都是认为，激励别人最好的方法，就是把重点放在发挥优点上，而不是改进缺点[57]。

在教授资深经理人发挥优点、追求卓越的过程中，我了解到一件事：懂得反省（一种暂停）的人，才会思考如何改进缺点、发挥优点，把工作做得更好，进而如法炮制在别人身上。下一章会让我们看到，如何通过一种特别又适当的方法，运用这项价值连城的技巧，让别人充分发挥潜能。

第十四章 “感谢”让你发挥暂停的力量

如何激励别人充分发挥潜能？关键在于：适时给予实质的感谢。对于别人的好表现，有很多重要的奖励方法，例如发奖金、拔擢、送礼券、准许特别休假、提供进阶训练，或是发放各种名副其实的津贴，等等。不过，这里要谈的并不是这些，而是稍微停下脚步让对方清楚地知道，他做了什么让人铭记在心的事。

暂停的力量练习十二
让关系更紧密：这时给予具体的感谢

问问自己，上回觉得被人真心感谢是什么时候？

无论是对哪个人，你、同事、客户、家人，还是生命中其他重要的人，感谢永远不嫌多。感谢“并不”表示你赞同对方的行为或意见，只是意味着你正通过暂停，对别人表示应有的尊敬、注意与关心。你甚至可以对不同的意见表示深深的感谢，想要在任何一种关系中建立彼此的信任，这会是一个重要的契机。

当今的企业界，大家常常觉得连思考的时间都没有了，更不用说什么感谢别人或自己这种事。当我们念兹在兹如何激励或领导他人时，很容易低估或忽略一件事，那就是：感谢便是一种激励。

开会的方式有很多种，无论是面对面、视讯会议、电话会议、远程出席，或是利用网际网络，大家很容易直接就讨论起来，然后你一言我一语不断发表各种意见。或许，我们会觉得直接处理正事才有产能，但与此同时，可能也会因为必须设法提高获利、雇用更多人或是发掘更多机会而倍感压力。事情若是那样，我们等于先假设时间、金钱、人力、资源或新点子“不足”，然后以此为基础，再进一步设法创造“更多”。在某种程度上，这就像开车时油箱已经“快没油”了——抱着一种不足的心态来激励自己全力以赴。

相反地，如果先停下脚步，在口头上甚至精神上，感谢别人或自己做的某件事，你就可以从一种“充足”而非“不足”的角度，进行之后的对话、开会或电话交谈。一旦抱着充足的态度出发，在接下来与别人接触的几分钟或几小时之内，你们的关系就会与之前有天壤之别。我的许多客户试着把“感谢”当成开会前的第一件事，就会发现上述现象。这一点也呼应了我们在第一部分学到的：一开始抱持的心态，和事情最后的结果息息相关。下面就是一个代表性的故事。

令人难以置信

想要让事情进展得快一点，要怎么样才能一开始就很顺利呢？

梅乌涅尔（Joe Meunier）从装货码头搬货起家，高中开始就在一家国际货运经纪公司工作，算是当地家喻户晓的男孩，非常谙于城市生存之道。如今，整家公司的营运部门都由他负责。这家公司专门替驻外大使馆处理空运、海运、海关及保全等事宜，所处理的都是数百万美元的电脑和高机密性放映设备等物品。公司高层聘请我来协助高级主管和部门经理，让大家在工作上更紧密合作。至于他们底下的员工，普遍都工作过量。相信我，这个团队的成员，绝对不是那种会“公开表露情感”的工作伙伴！

对于工作，虽然每个人都相当吹毛求疵，也不会耽误期限，但整个感觉就不像是一个团队，也闻不到互相尊重的味道。从很多方面都可以看出这一点，例如，许多会议都无法准时开始，因为员工，尤其是高层管理人员经常会迟到。我要他们进行一项实验：无论是什么会议，一律改变开始的方式。我向大家解释这个新的快速启动流程：“请停下来一点点时间，让每个人用最多一两个句子回答这个问题：对于自己、会议室里某个人或会议室外面的某个人，你想要表达感谢的是哪件事情？规则如下：不可以有意见，不能表示同意或试图纠正；无论大小事情，任何人对任何事的感谢都只用听的就好。”

真希望读者可以亲临现场，看看那些人脸上那种怀疑的表情：哪有时间干这种事！不过，他们还是开始用这种方式开会了。很快地，大家不仅开会时提早到，遇到棘手的问题、难以决定的场合，也不像以前那样动不动就生气，开会速度变快了，效率变好了。部分原因在于，更愿意互相倾听，并且试着了解对方真正的意思，不会因为没听清楚或误解对方的用意而冲动回应。不久之后，大家发展出一套“乐观进取团队方案”，可以更快更圆满地完成工作，即使遇到不景气而破天荒第一次裁员的情况时也一样。

他们的成功经验不局限在一处，在数个月后的某个会议上，同样的模式再次上演。这次，共有将近二十个卖家、客户、航空公司销售代表、政府监管机构人员一起出席会议。对于航运法规、保全、当地港口管理局费用与政策等议题，大家一直争论不休，现场的火药味很浓。事情不能拖，大家又很心急，实在没什么时间可以再浪费了。于是，梅乌涅尔决定冒个险。他以前主持过类似的会议，所以他知道，如果不想个办法，有些人会一怒之下拂袖而去。

梅乌涅尔先说了开场白：“今天开会的方式不太一样，希望大家可以相信我一次。我们公司一直是用这种方式开会的，而且请相信我，一开始很多人都觉得，这样做根本是在发神经，没想到结果却出奇的好。只不过花那么几分钟的时间，就让会议进行得相当顺利。待会儿，我们先请每个人用一个句子回答这个问题：对于自己、会议室里某个人或会议室外面的某个人，你想要表达感谢的是哪件事情？然后我们再继续开会。”

领导者不能随便开玩笑，梅乌涅尔非常清楚这一点，否则等于坏了自己的名声。多年来主持会议的协调手腕，让他遇到棘手问题时都能化险为夷。会后，他打电话告诉我事情的经过：“简直令人不敢相信！我们一样从感谢动作开始，结果整个会议室的气氛完全改观了。没错，大家原本就互相认识，曾经一起共患难，平常也互有往来，可是，突然之间，大家看待彼此的眼神好像都不一样了。事情进展得超乎想象地顺利，比原本计划的流程快了许多。”

很多客户都把感谢动作放入开会流程，其中包括了首席执行官、大学、工会、电视台、银行，还有之前那家原本绩效不彰的饭店（在前面提过，他们的员工搞砸了饭店争取升级的事，因而互相责怪）。大多数客户都承认，他们唯一遇到的问题就是：只要开会前没有时间走一遍感谢流程，那一天就会开得很久，而且效率不彰。为什么呢？有位客户说，那是因为“我们还没联结在一起，就急着出发。最后每个人都很自责，才会了解‘彼此联结’（这件我们觉得没有时间做的小事）正是让事情更圆满而需要去做的大事。”

我想大家都知道，建立彼此的信任感，会让事情进行得更顺利，尤其是时间不够或彼此没那么熟的时候（稍后会提到有效感谢的小秘诀）。用这种方式来感谢别人，花费的时间不会比你深呼吸时吸气再吐气还久。试试看，只要精于此道，无论需要处理的是自己、别人或团队的事情，你都掌握了重要的有利条件，一切必能兵来将挡，水来土掩。

从混乱中理出头绪

能对工作伙伴表示真心感谢与尊重，也是效能方程式的一部分：

暂停（镇定）+好奇心+虚心=
专家级的效能与个人价值的实现

下面的故事让我们看到，一位球队经理结合暂停、好奇心和虚心来达成目标。暂停：即使面对公众压力，也不会仓促决定。好奇心：慧眼识英雄，愿意“暂且先相信别人”。虚心：激励球队克服重重困难，达成不可能的任务。

完美的平衡点：世界冠军球队经理的故事

克里比奇纸牌游戏（cribbage），尊重和虚心，与险中求胜有什么关系？

从一位受到球员、同事、老板、对手和死忠客户钦佩的世界级球队经理身上，我们可以学到什么？这个故事让我们看到，一位说话温和的世界冠军球队经理，如何帮助球员走出低潮，再创巅峰。他是怎么做到的？他停下脚步反省，对于各种可能的选择保持好奇，然后在“个人自尊心”与“信任球员”当中，找到完美的平衡点。接下来，他保持虚心，作出许多困难的决定，尤其是面临成败的关键时刻。

《路遥知马力》，这是前洋基队球员格兰维尔在《纽约时报》一篇专栏上所用的标题。他指的不是洋基队球员，而是洋基队世仇红袜队的教练法兰柯纳（Terry Francona）。格兰维尔多年前曾在费城人队打球，当时的教练就是法兰柯纳。“在他的指导下，我打出了职棒生涯最好的成绩，也特别感谢当年他在球员休息室营造的环境。”[58]

计划好的暂停，开启了机会之门

在当今社会中，相信很多人都有同样的感觉：同事之间越来越不容易互相了解，而想在迫切需要时营造可相互支持的工作环境，也越来越困难。棒球世界也一样：球员的行程安排相当紧凑，没什么时间陪伴家人，每一季也没有太多假期可以休息。正因为如此，法兰柯纳在球员休息室的赛前惯例，就变得相当耐人寻味：他会和球员玩一种竞技性很高的克里比奇纸牌游戏，连新进球员佩德罗亚（Dustin Pedroia）也不例外。法兰柯纳说，他会提前到球场，“先做好所有的准备工作。然后，不管哪个球员先到场，只要想进来玩，我都有时间……佩德罗亚心里虽然很挣扎，但他知道自己也可以进来玩玩牌、聊聊天，纾解一下压力。”[59]

当佩德罗亚在2008年美联冠军赛陷入打击低潮时，法兰柯纳知道，这个充满斗志的年轻球员（刚到球队时，很多人都不看好他）此刻需要靠自己的力量走出来。到了赛季末，这个年仅25岁、身高一米七的二垒手，被誉为“美国联盟最有价值球员”，佩德罗亚只在大联盟打了两个赛季，却因为法兰柯纳不断在背后默默支持他，才得到这项殊荣。

“暂且先相信别人”可以建立信任感

在今天的棒球界或职场上，经理人应该扮演什么样的角色呢？能够做且应该做的事其实都差不多。最重要的是，无论对象是个人还是团队，都要有识才惜才的眼光与智慧，并激励大家全力以赴。关于这一点，法兰柯纳就是个中好手。根据棒球专家的说法，有些球队经理照本宣科，依照统计资料与赛前计划来发号施令；有些则会对应局势来灵活调度。至于法兰柯纳，则是那种非常善于深入了解每个球员的球队经理。他懂得拿捏何时该推他们一把，何时该让他们收敛，更懂得在他们萎靡不振时给予支持。格兰维尔提到，法兰柯纳激励球员表现的方法是："他最关心的是，我们如何发挥应有的水准。如果我们风光达阵，他对我们除了鼓励还是鼓励。"[60]

如何作出困难的决定？从法兰柯纳身上，我得到许多启发，迫不及待地想要分享这些心得。他作过的其中一项最困难的决定是：有个球员的状况一直很不好，他决定更换打击顺序。这名球员原本是第一棒，经过几个礼拜的休养生息之后，法兰柯纳把他的打击棒次往后延（比较不具关键性的棒次）。也就是从那时开始，这名球员从长期的打击低潮中走了出来。我和一名成功的资深主管分享这个故事，他暂时被调到较不重要的职位，所以一肚子怨气。我向他解释："也许，你的老板和法兰柯纳一样，只是想让你知道，你该休息一下，换个地方重新出发。"电话那头一片寂静，这位忠心耿耿的公司重臣暂停下来，用不同的角度思考他被调职的原因。现在，他最需要的是沉淀的机会，一个可以累积更多经验、智慧与培养耐心的机会。后来，他终于获得高升，当上了公司副总裁。

虚心谨慎的暂停，激发球员潜能

经理人扮演的角色，还可以从另一个角度来看：任何决定都可能是两面，必须衡量其中的轻重。一方面，他的决定虽然回应了其他员工、同事、客户、老板、投资者和媒体的期待；另一方面，对于顶尖人才一向脆弱的自我，也会造成暂时的伤害。在棒球界，事后诸葛亮并不是什么新鲜事，即使在企业界也是家常便饭。棒球界也是一种企业，能不能经营成功，同样仰赖领导者具备灵活的外交手腕和谦虚态度。

2008年美联冠军赛的第五场比赛，法兰柯纳在他的传奇生涯中，首次换上代打接替捕手维瑞泰克（Jason Veritek）上场打击。维瑞泰克在赛后说：“这种事让人很难接受，却又不得不面对。没办法，事实就是如此。”维瑞泰克是明星捕手，又是两次世界大赛的赢家，拥有替红袜队出赛1000场的纪录。可是，他陷入打击低潮已经好几个月，球队经理也一直不愿对他表现出任何不敬。早在季赛期间，大家都在猜法兰柯纳会怎么处理这件事情。《波士顿环球报》记者马沙罗提说：“法兰柯纳一直相信，对于这些经验老到的选手，必须给予应有的尊重，这才是最有利于整个球队的方式。如今换代打接替维瑞泰克，他估计会对球队带来不小的冲击。”[61]

接着，美国联盟冠军赛开打，情势变得异常紧张。在第五场比赛中，虽然维瑞泰克被代打取代上场，但是，到了隔天晚上，他在第六场比赛的第六局再度证明自己，击出追平比数的关键全垒打。第七场比赛开打，红袜队有机会拿下美联冠军赛最后一场胜利。

结果，在最后一场比赛中，只有一位红袜队打者击出一分打点，最后以一比三败给坦帕湾光芒队。打击方面，挥棒落空遭三振出局的，不只维瑞泰克一人，投手方面也是表现不佳，无法和对手的优异表现相提并论，可以想见，红袜队对输球是多么震惊与失望。然而，特别的是，网络上出现很多死忠粉丝发表的正面文章。对于比赛结果，这些人往往事后诸葛亮，这回却一反常态，跟球队经理一样对球员表达了他们的感谢。对于这些一直到最后一次出棒都奋战不懈、坚持到底的负伤球员，他们给予了高度的赞美。

将球队定位成永远有机会赢球的队伍

你可能会很纳闷，为什么我分享的不是球队经理的大胜纪录。这正是我最佩服法兰柯纳的地方：胜利固然是终极目标，却不是唯一重要的事，没错，他当然是积极求胜的人，也会为了自己坚信的价值、球员、对棒球的热爱而奋战到底。就像美联社体育记者厄尔曼指出的：“他的季后赛胜率是七成一，在带领超过二十场季后赛的球队经理中，这样的成绩已经在大联盟历史上独占鳌头。他还创下了在世界大赛中最多连续胜场（八场）的纪录。”[62]

在我看来，法兰柯纳可以成为与众不同的世界级球队经理，关键在于：面对任何困难，甚至是最后关头突如其来的意外，他都全力以赴，把球队定位成“永远有机会打赢”的队伍。从他对待球员的方式：尊重、诚恳，还带一点幽默感，或是对教练团的信任态度，甚至是听他描述对于赛后记者会的处理手腕，都可以看到这一点。这种坦率、真实与谦虚的态度，让他可以在衡量主观判断的得失之间，不忘嘉许表现优秀的球员。不管球员当天的表现如何，只要他认为这些人未来有能力打出好成绩，就一定会找机会表明自己对他们的信心。

本书的重点一直放在：如何在应对进退之间，把自己和别人定位在“有机会赢”的位置上。和球赛一样，没有人是永远的赢家，但是，只要你全力以赴，赢的机会就永远比别人多。在我看来，无论做什么事，只要能够抱持和法兰柯纳一样的态度，自然有人在背后默默支持你，也会有人像“粉丝”一样挺你。无论最后有没有圆满解决事情，你都已经是个赢家了。

暂停一下　表达与接受感谢的小秘诀

感谢动作是一种强而有力的暂停，表示你选择暂时踩着离合器，准备待会儿继续前进时，虽然该做的事还是要做，却可以让自己或别人变得更有效率。

· 练习保持虚心。表达和接受感谢都需要保持虚心。许多时候，我们太专注于什么事没做好，等于是对自己或别人表现出一种不满的态度。这时不妨退一步想，或许会看到一些之前看不到的东西。你会发现，无论事情做得好不好，都可以得到一些启发，而对方也会感受到你这种态度。之前提到的许多案例，如银行职员、院长、公关经理和中校等，都让我们见识到了这种暂停所带来的力量。

· 内容要明确。想要让感谢发挥效果，其中一个方法就是：清楚地说明别人做了什么，让你觉得感激。你说得越明确，说服力就越强，对方也越不会觉得你只是在说客套话。像“干得好”或是“我真的很感谢你”，这种友善却模棱两可的话实在太普遍了，不容易让别人了解他到底做了什么让你铭记在心的事。其实你可以这样说："昨天你表现得很棒，不但内容简明扼要，让客户很感兴趣，还举例说明我们要如何做，能让他们获得比原本预期还要好的结果。"

• 适时提供绩效回馈。领导者若是要表达感谢，其中一个最重要的机会就是：对于员工的工作表现，适时给予合理的评估或检讨；最重要的是，要让对方清楚地知道他的表现好在哪里，并且明确指出，怎么做才能更上一层楼。百胜集团（Yum Brands）首席执行官诺瓦克（David Novak）说得好，优秀的领导者会有兴趣了解旗下员工："员工渴望直接的回馈，想要听到有人告诉他们，怎么做才会更好。不懂得回炉的领导者实在太多了。"[63] 他说自己提供回馈时，都会先用一个具体事例表达感谢，接着再提出建议（而非"但是"），告诉他们如何提高工作效率。

• 不分大小事。不要等到大事发生，才会想到感谢。而且，除了内容尽可能明确之外，感谢更要及时，不要等到下次开会、书面报告或表扬大会的时候。

• 对方觉得你只是在说客套话时，请先暂停。他可能会说，"哦，没什么啦"或"小事一桩"等等。遇到有人称赞或感谢你时，或许你自己也会这么说。对方觉得你只是在说客套话时，你要想一想，如果他大方接受赞美或感谢，为什么有可能觉得不太自在。你可以体贴地说："要你接受这些好话，似乎不太容易，你一定有你的理由。"然后等对方回答。或者，你也可以用一种轻松的口吻说："好，我知道你喜欢努力工作，而且不觉得自己做了什么了不起的事。可以请你帮我一个忙吗？说声'谢谢'

就好。”接着笑一下也没关系，重点是：对方已经知道，你想让他明白他做了什么让你（或其他人）感谢的事，而且即使他觉得不太自在，也没关系。他了解你是真心诚意的，而且说的都是肺腑之言。

• 保持好奇。若是别人对你说“干得好”，而你很想知道自己做了什么让别人感谢的事，请保持好奇。可以试着这么说：“谢谢你，我很感激。可以帮我一个忙吗？看看是要现在或是另外找个时间，告诉我到底做了什么才让你这么说。虽然我猜到一些，却有可能不是你心里想的事情。”

第十五章　十二种展现自我、追求卓越的方法

顶尖运动员和出色表演者都知道，想要追求完美表现，唯有不断练习才有可能。无论是要投出最难打的球、弹出最好听的音符，还是为了追求成功改变过去的做法，都没有例外。你也可以找机会练习：在工作中与同事或主管互动，尽量熟练你在书中所学。此外，专家学者也鼓励我们，只要经常用脑，多多向外延伸触角，就能保有一颗细腻而敏锐的心。练习，可以让你自然培养出新习惯；虽然一开始直觉上有些格格不入，但久而久之就会习惯成自然。即使只是一次短短的暂停，都可以发挥力量，一切就看你如何运用。

无论周遭人事物发生什么变化，只要能落实下面的摘要方法，就能很快掌握情况，让事情更圆满。尤其是遇到情况瞬息万变，或是当短信、电子邮件、论坛这类看不到人也听不到声音的沟通媒介，因为容易造成“理解上的失误”而无法有效解决问题时，为了预防被误解的可能，这些摘要

方法更显出其重要性。

练习发挥暂停的力量

1.要主动选择，不要被动决定

发挥暂停的力量以提升自制力，了解你永远可以选择：踩下离合器，放开油门（不要预设立场），暂停，然后再换挡，以克制冲动反应。利用暂停来恢复镇定，找出那些不太明显却更好的解决办法。

2.意识到自己和别人的心灵滤网

永远记得：心灵滤网会让人不自觉地产生误解。

3.暂且先相信别人

想想自己是否预设立场。意义不在话里，而是在你或别人如何诠释。只要无法肯定，就要懂得问："可以让我了解你真正的意思吗？"

4.不要把"气"存入怨气户头

不要草率下结论，也不要基于对事实的单方面认知，就把怨气存起来。

5.使用推测式问句作为风险管理工具

展现积极态度：使用推测式问句，用自己的话说出你了解的意思。这有助于建立彼此的信任感，尤其是对方需要澄清或补充说明的时候。

6.展现“保有好奇心，不要怒气攻心”的思维

“理解上的失误”经常会发生！这很正常，试着不要太放在心上。利用“好奇心提示检查表”，测测看你或其他人对不同可能性的接受度有多少。

7.要懂得问：手头上的工作还应付得来吗

了解别人工作优先顺序的同时，也要了解自己工作的轻重缓急。要记得问自己：“手头上的工作还应付得来吗？”

8.有没有什么我以为知道，其实根本不知道的事

为了虚心反省、迈向成功，要懂得问：从我自己、对方或是整个情况的角度来看，有没有什么我以为知道，其实根本不知道的事？也要问：从对方、自己或是整个情况的角度来看，有没有什么对方以为知道，其实根本不知道的事？

9.事先意识到可能被误解

要求对方使用推测式问句，确认你的意思已清楚传达。对于“理解上的失误”，若是有任何厘清的机会，都张开双臂表示欢迎。

10.从怨气户头中“提款”

尽早释放怨气，以免户头中累积太多负面能量。所有的人、事、物，

只要情况发展和你料想的不同，请重新思考自己是否预设立场。而且，要留意一些潜在的机会，或许有些更好的解决办法是你原本想象不到的。

11.了解自己和别人的情绪引爆点

避免让自己或别人陷入“自我挫败”的模式中。留意哪些人或哪些事情会引爆自己的情绪，就可以克制立即回应的冲动，让事情变得更顺利。

12.适时给予具体的感谢

发挥暂停的力量，适时且明确地针对某事表示赞赏，并且说明原因。同时，设法让别人知道怎么做才能提高效率，以及你会如何提供支持，帮助他们全力达成目标。

就是现在　一切由你自己决定

现代世界瞬息万变，如何全力以赴并作好准备，在可以想见的未来中大显身手？

首先，我邀请你来思考暂停的力量：觉得最没有时间停下脚步的时候，就是最需要暂停的时刻。如同书中提到的那名护士，当她说："你的意思是，只要我停下来深呼吸就好了吗？"或是当班德森不理会别人对他说的："你不适合当和平使者，把问题留给专家吧！"就是暂停下来反省："好吧，或许你说得没错，但等着瞧，看看我们可以做到什么程度。"我们都看到了暂停的力量。

那么，现在有哪些方法是你较有心得的？你有权选择，也有能力培养新习惯，让自己在没有太大压力的情况下，把事情处理得更圆满。事实就是：你可以学习用全新的方式，妥善处理周遭发生的一切，同时感觉到自己所做的一切确实有价值。重点不在于你能不能率先达成目标，就像卡蓬博士的故事告诉我们的，你必须带领整个团队一起成为赢家。

团队的协调与合作，有时麻烦事很多。有些人虽然口头上说自己心胸开阔，但真正遇到别人提出新的想法时，有时还是难免会有先入为主的成见。这种时候最适合发挥暂停的力量，主动选择正面的回应方式，而非被动地意气用事。另外有些时候，你可能会产生自动化反应，觉得自己就是没办法好好停下来听别人讲。这时候，最需要从第三者的角度好好想一想："可以稍微停下脚步，看看现在真的没有其他选择吗？"或者像处于激烈战局中的摩尔中校，把自己的心智从行动中暂时抽离出来，然后问问自己："现在正发生什么事？没有发生什么事？我该怎么做才能扭转局势？"投手派柏邦输球后就是这么做的：先厘清思绪，再回到球场上应付媒体的追问。他必须先替自己回答上面这个问题，才有可能调整脚步重新出发。

无论书中哪一个故事让你最感兴趣，也无论你得到了什么启发，我都希望你能在机会来临时派上用场。从察觉到行动这条学习曲线上，必须有耐心地一步一个脚印走，让别人知道你有一些新的想法和做法正在成形：发现自己其实可以选择暂停，单单这一点就已经是一种进步。

现在应该停下来问问自己："可见的未来会是一种什么样的景象？"

"虚拟化"——随时随地都可以找到伙伴的一种工作特性与"全球化"正逐步改变人们的工作习惯，以及彼此合作的方式。我从没想过，自己有一天会在全球各大洲，教导别人如何发挥暂停的力量，并且亲眼见证这些原则与方法被翻译（或重组）成十二种以上的语言。各行各业的很多人有着不同的文化背景，看到他们把暂停法则实际运用在生活与工作中，不受时间压力、持续性的分心或瞬息万变的外在环境所左右，让我觉得与有荣焉。发现大家对“主动选择暂停”展现出强烈的好奇心，更是令人觉得相当振奋。写这本书的目的，就是希望帮助读者找回主动选择的能力，进而积极改变。

“暂停的力量”这套方法永远不会过时，尤其在今天这种分秒必争、凡事要求一次到位的工作环境中更是如此。就从现在开始，希望大家都能恪尽职守、彼此包容，不要再相互敌视。书中提到的许多原则与方法，对我自己、同事、客户、家人、朋友和其他读者群都很受用，相信你也一定受益无穷。

前面的十二种方法，还有下面的三句话，希望你能念兹在兹，不论遇到什么困难，都能让自己展现出最好的一面：

发挥暂停的力量

保有好奇心，不要怒气攻心

有没有什么我以为知道，其实根本不知道的事？

把这三句话放在心里，随时保持警醒，看事情的角度就会不一样，凡事就能更加顺利圆满。

多年来，无论是电话还是电子邮件，经常听到有人对我这么说：“你一定不相信前几天发生了什么事。有位客户被他老板气得半死，原本准备辞职不干，于是我冷静地建议他停下来想一想：‘你老板会不会发生了什么事，是你以为知道其实根本不知道的？’结果只过了大约五分钟的时间，这个问题就让客户从地狱回到天堂，让事情有了一百八十度大转变。”他帮客户避开了“土狼威利”的窘境。

没错，你可以选择暂停，掌握时间的魔法。

现在你已经知道如何发挥暂停的力量，无论对象是你自己还是其他人。

你会有更大的影响力，而且能够作出更明智的选择，因为你不会再受到自己或他人的“情绪劫持”。

如果你要把自己定位成赢家，想在这个瞬息万变的时代中，不畏任何艰难险阻，展现最佳自我，这些原则与方法就不是人生的选项，而是不可或缺的实践历程。

就是现在，找回主动选择的能力，为自己积极改变。

本书一开始，我诚挚邀请你一同来探索：有没有什么更好的方法，让你遇到任何事情都能处理得更圆满、更有成就感？现在你已经读完了，不过，这里绝不是终点，你的下一站才正要开始。请准备扬帆启程，一起迈向成功人生。

注 释

[1] 译注：善因行销是一种结合公益团体与企业品牌的共同赞助活动。企业借此创造形象，公益团体的资金也有了着落。

[2] Linda Stone，“Linda Stone’s Thoughts on Attention and Specifically，Continuous Partial Attention，”http：//www.lindastone.net。在研究电脑科技对使用者的影响时，微软与苹果电脑前主管琳达·史东用自己发明的“持续性分心”来代表其研究结果。“持续性分心的意思，就是‘连续不断地’分心……无论什么时候，我们都不想错过任何机会，并且希望把握住最好的机会，让每一次行动与联系都能带来最大效用……这种随时随地处于上线状态的行为，在某种意义上，等于是让自己暴露在持续性的危险中。”

[3] Mark Bittman，“I Need a Virtual Break.No，Really，”*New York Times*，March 2，2008，http：//www.nytimes.com/2008/03/02/

fashion/02sabbath.html。比特曼描述了“暂时拔掉随时通往电子世界的插头”这个想法如何出现在博客文章中，以及大家关掉“上线”开关后发生的事情。

[4] “Looking Ahead: Implications of the Present.” *Harvard Business Review*, September-October 1997, 18. This seventy-fifth-anniversary cover story featured the forecasts of Peter Drucker. Esther Dyson, Charles Handy. Paul Saffo. and Peter Senge.

[5] Lieutenant Colonel Harold Moore. “After Action Report,” http://www.lzxray.com/documents/aar-xray.pdf.

[6] Lieutenant General Harold Moore (Ret.), “Battlefield Leadership.” http://www.lzxray.com/battle.htm.

[7] Herbert Benson, “Are You Working Too Hard?” Harvard Business Review, November 2005, 54-56.

[8] William Ury, *The Power of a Positive No* (New York: Bantam. 2007). 147-151.

[9] Robert Bolton, People Skills: *How to Assert Yourself, Listen to Others and Resolve Conflicts* (New York: Touchstone, 1986), 34.

[10] 《谁在一垒？》是阿博特和科斯特洛于20世纪30年代，在自己的电台中首次播出的双关语广播喜剧节目。若是有兴趣了解或收听该节目，请造访：http://www.baseball-almanac.com/humor4.shtml.

[11] Viktor Frankl, *Man's Search for Meaning*, rev.

ed.（1984； repr.New York：Simon & Schuster，1959），86.

[12] Thomas Crook，“Snooze It or Lose It，”*Prevention Magazine*，May 2008，http：//www prevention.com/cda/article/snooze-it-or-lose-it.

[13] Stefan Klein，“Time Out of Mind，”trans.S.Frisch.*New York Times*，March 3，2008，A19.Klein is the author of *The Secret Pulse of Time*：*Making Sense of Life's Scarcest Commodity*（New York：Da Capo Press，2007）.

[14] 这项法则是由“真诚领导中心”（Center for Authentic Leadersip）的创立者珍•史密斯（Jan Smith）所推广。她教过许多专家有关“未来思考”这项领导技巧，其教学内容融合了她与沟通动力学的两位世界级先驱大师弗洛里斯（Fernando Flores）及安班德（Ken Anbender）一起工作时得到的启发。

[15] Baba Shiv，Ziv Carmon，and Dan Ariely，“Placebo Effects of Marketing Actions：Consumers May Get What They Pay For，”*Journal of Marketing Research* 42（November 2005）：383-393.

[16] Jonah Lehrer.*Boston Globe*，October 5，2008，K1.See also *How We Decide*（New York，Houghton Mifflin，2009.

[17] Jenny Anderson and Charles Duhigg，“Flirting with Disaster，”*New York Times*.September 21，2008，B10，http：//www.nytimes，com/2008/09/21/business/2 lexec.html.

[18] Jennifer Whitson and Adam Galinsky, "Lacking Control Increases Illusory Pattern Perception," *Science* 3（October 2008）：115-117.这项研究的重点在于：当人们觉得事情失控时，其不理性行为背后的可能原因有哪些。

[19] "Want Hypertension? Hurry Up!" *Cardiology Online*, November 20, 2002, http://www.cardiologyonline.com/journal_articles/Want.htm.See also Lijing L.Yan, "The Psychosocial Factors and Risk of Hypertension," *Journal of the American Medical Association* 290, no.16（October 22, 2003）, http://jama.ama-assn.org/cgi/content/abstract/290/16/21.See also Bill Weir, "Efficiency Overload: Why Demanding More May Be Wearing Us Thin," ABC News.May 8, 2008, http://abcnews.go.com/Business/story?id=4813441&page=1.

[20] Malcolm Gladwell.*Blink*（New York: Little, Brown.2005）, 233.

[21] Linda Stone, "Just Breathe: Building the Case for Email Apnea." blog posting, February 8, 2008 http://www.huffingtonpost.com/linda-stone/just-breathe-building-th_b_85651.html.

[22] Edward Hallowell and John Ratey, *Delivered from Distraction*（New York: Ballantine Books, 2006）, 156-159.

[23] Jonathan Clements, "What We Want to Hear Drowns Out

the Rest，” *Wall Street Journal*.April 8，2007.A3.

[24] Mark L.Knapp and Judith A.Hall，*Nonverbal Communication in Human Interaction*（Belmont，Calif.：Wadsworth，2005），13.

[25] Robert Bolton，*People Skills*：*How to Assert Yourself, Listen to Others and Resolve Conflicts*（New York：Touchstone.1986），34.

[26] John Naisbitt，*Megatrends*（New York：Warner Books，1982）； see also John Naisbitt.*High Tech, High Touch*（London：Nicholas Brealey，2001）.

[27] Janet Rae-Dupree，“Can You Become a Creature of New Habits?” *New York Times*，May 4，2008，www.nytimes.com/2008/05/04/business/04unbox.html.See also Dawna Markova.*The Open Mind*（San Francisco：Conari Press.1996）.

[28] Jerome Groopman，*How Doctors Think*（Boston：Mariner Books，2008），24，35，and 65.

[29] Larry Olmstead，“Service Agreement，”*Arrive*（Amtrak magazine），January-February 2008，23.See also Kirk Kazanjian，*Exceeding Customer Expectations (New York, Broadway Business,* 2007）.

[30] Charles Tilly.*Credit and Blame*（Princeton.N.J.：Princeton University Press，2008），35-36.

[31] Nance Guilmartin.*Healing Conversations*：*What to Say*

When You Don' t Know What to Say (San Francisco: Jossey-Bass, 2002), 122.

[32] Joe Nocera. "Put Buyers First? What a Concept," *New York Times*, January 5, 2008, B1.

[33] Jerry Remy and Don Orsillo, New England Sports Network, broadcast coverage, May 9, 2008.

[34] Nick Cafardo, "Papelbon Entering an Entirely Different Zone," *Boston Globe*, May 10, 2008, Dl.

[35] Robert Cialdini and Steve Martin, "The Power of Persuasion," *Training Journal*, December 2006, 40.

[36] Mark Matousek, "Stroke of Luck," *AARP Magazine*, November-December 2008, 28See also Jill Bolte Taylor' s book. *My Strokeof Luck* (New York: Viking, 2008).

[37] "Looking Ahead: Implications of the Present," *Harvard Business Review*. September-October 1997, 18.

[38] David Garvin and Michael A. Roberto. "What You Don' t Know About Making Decisions," *Harvard Business Review*, September 2001, 4, 7.

[39] Homer-Dixon quoted in Barry Boyce, "Complexity, Chaos and Collapse: Why We Need New Ways of Thinking," *Shambhala*, September 2008, 46-47.

[40] Gary Small and Gigi Vorgan, "Meet Your iBrain," *Scientific*

American Mind, October-November 2008, 47.

[41] Daniel Goleman.*Social Intelligence: The New Science of Human Relationships*（NewYork: Bantam, 2006-7）.40-44.See also“The Biojogy of Leadership, ”Harvard Busi-ness Review, September 2008, 3.

[42] Jim Collins.*Good to Great*（New York : HarperCollins, 2001）, 20-21.

[43] Sarah Kershaw, “My Other Family Is the Office, ”*New York Times*.December 4, 2008, E7.

[44] Pema Chodron, “The Answer to Aggression and Anger Is Patience, ”*Shamb-hala*, March 2005.http://www.shambhalasun.com/index.php?option=com_content&task=view&id=1309&Itemid=247.丘卓教导如何发挥耐心和好奇心来了解好斗的原因，以及停止会带来怒气、怨恨和痛苦的循环模式。

[45] Nance Guilmartin, *Healing Conversations*: What to Say When You Don’t Know What to SaV（San Francisco: Jossey-Bass.2002）, 271.

[46] Bryan Marquard, “Oliver G.Selfridge, Student of the Mind, ” *Boston Globe*.December14.2008, B5.

[47] John P.Walsh and Nancy G.Maloney, “Collaboration Structure, Communicatior Media, and Problems in Scientific Work Teams.”*Journal of Computer-Mediated Communication* 12, no.2

（2007），http：//jcme.indiana.edu/vol12/issue2/walsh.html.John Toon，“Won’t You Be My Neighbor？”*Horizons Research*.Summer 2007，http：//gtresearchnews.gatech.edu/rcshor/rh-s07/neighbor.htm

[48] Heather Wax，“Cooperation Counts for Math Professor，”*Boston Globe*.October 15，2007，http：//www.boston.com/yourlife/health/articles/2007/1 011 5/cooperation_counts_for_math_professor/.

[49] 美国癌症协会在颁布“兰登AACR-癌症研究国际合作创新奖”时，首席执行官福蒂（Margaret Foti）强调了这个奖项的重要性：“为确保抗癌研究能持续进展，研究人员必须乐于与全球癌症团体分享资源与技术，提供专业知识，并且针对各种新的概念、观点和方法进行交流。卡蓬博士的团队成员包括：Hainig Yang，Ph.D.，University of Hawaii；Nancy Cox.Ph.D.，and Ian Steele.Ph.D.，University of Chicago；Harvey Pass，M.D.，NYU School of Medicine and Clinical Cancer Center；Joseph Testa，Ph.D.，Fox Chase Cancer Center；Y.Izzetin Baris.M.D.，University of Hacettepe，Ankara，Turkey；A.Umran Dogan.Ph.D.，University of Iowa； and SalihEmri，M.D.，and Murat Tuncer，M.D.，Hacettepe University School of Medicine.An-kara，Turkey.See http：//www.aacr.org/.

[50] Konstantakatou quoted in“Background：The Progression from Tufts University to Baghdad，”www.tuftsgloballeadership.

org/files/resources/iraq_progression.pdf, 2.For more information, see the 2005-2006 annual report of the Tufts Institute of Global Leadership.http: //www.tuftsgloballeadership.org/files/resources/ig10506ar.pdf, 10.

[51] Margaret Bucholt, "A Gatherer of Minds," *UMass Boston* 6, no.1 (Winter/Spring 2002) ; availableathttp: //www.omalley.co.za/NXVT/gatewav.dll?f=templates&fn=default.htm$vid=Omalley: OmalleyView&npusername=OmalleyUser&nppassword=OmalleyPass.

[52] "Iraq Moving Forward," intemal overview document, Institute for Global Leadership.Tufts University, 1.

[53] "Background," 5.

[54] Jamshed Bharucha, "In Helsinki.a Meeting of the Minds," *Tufts Magazine*.Summer2008.10.

[55] Sheryl Stolberg, "A Rewired Bully Pulpit: Big, Bold and Unproven," Week in Review, *New York Times*, November 23, 2008; David Carr, "Obama' s Personal Linked In." *New York Times*.November 10, 2008, B1; David Talbot, "How Obama Really Did It," Tech-nology Review, September-October 2008, www.technologyreview.com/web/21 222/.

[56] Office Depot, "Our Values." http: //www.officedepot.com/speciaILinks.do?file5/companyinfo/companyfacts/ourvalues.jsp&template=companyinfo.

[57] University of Michigan Ross School of Business, “Reflected Best Self, ” http: //www.bus.umich.edu/Positive/POS-Teaching_and_Learning/RefiectedBestSelfExercise.html; Marcus Buckingham, *Now. Discover Your Strengths* (New York: Free Press , 2001) .

[58] Doug Glanville, “Nice Guys Finish First, ” *New York Times*, October 15, 2008, http: //www.nytimes.com/2008/10/1 5/opinion/15glanville.html.

[59] Steve Wulf, “Terry Francona, ” *ESPN: The MagaZine*, September 11, 2008, http: //sports.espn.go.com/espnmag/story?id=35 82284.

[60] Glanville, “Nice Guys Finish First.”

[61] Tony Massarotti, “Veritek Feels Pinch, Doesn’t Flinch, ” *Boston Globe*, October 8.2008.C5.

[62] Howard Ulman, “Boston Manager Terry Francona Gets Three-Year Extension, ” *USA Today*, February 24, 2008, http: //www.usatoday.com/sports/baseball/2008_02_24_21 45456500_x.htm.

[63] Adam Bryant, “At Yum Brands, Rewards for Good Work, ” *New York Times*, Julyll, 2009.http: //www.nytimes.com/2009/07/12/business/1 2corner.html?_r=1 &emc=etal.

暂停

THE POWER OF PAUSE

有些事只有停下来，才能想得更清楚

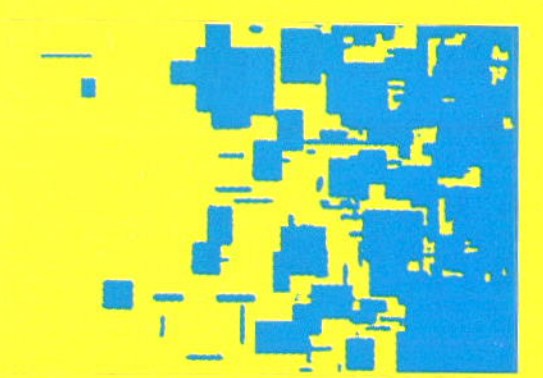

暂停

THE POWER OF PAUSE

有些事只有停下来，才能想得更清楚

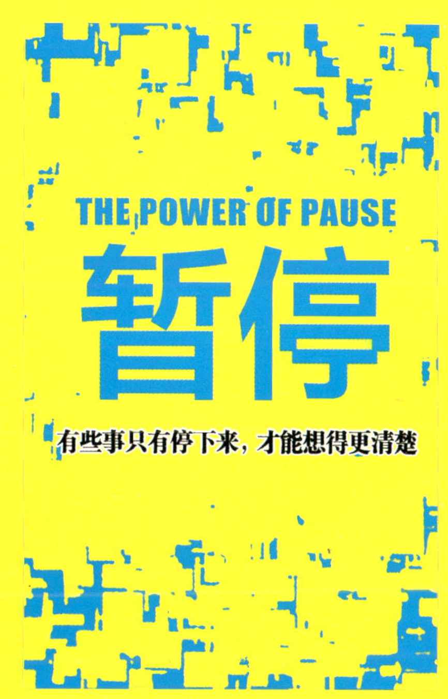

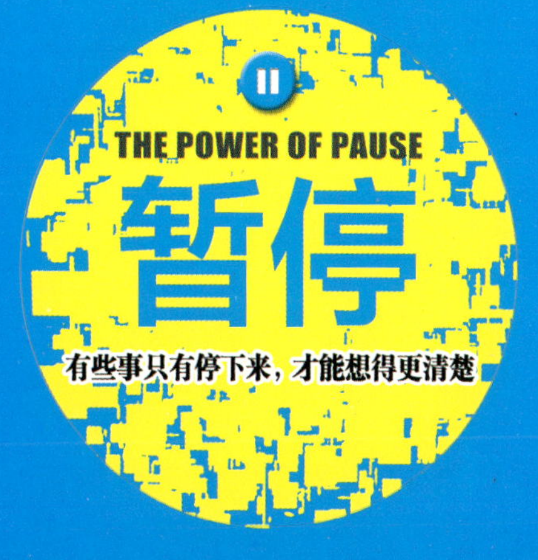